新版

# 私たちはどのように働かされるのか

伊原亮司
Ryoji Ihara

現代思潮新社

新版　私たちはどのように働かされるのか／目次

# 私たちはどのように働かされるのか

## 働く前から疲れないように

私たちの身の回りでは、就職に関する情報が溢れ、就職支援がそこかしこで行われている。働く準備を周到にするように急かされ、良い仕事につくための能力を習得するように促され、将来困らないようなキャリア展望を持つように指導される。学校や就職セミナーで、本・雑誌・新聞・テレビを通して、就職に向けた準備を煽られる。希望に満ちた話だけではない。劣悪な労働環境や過酷な労働条件下で働かせる企業が「ブラック企業」という名称で批判され、就職先として避けるようにとの注意を受けるようにさえなった。

しかし、いかなるアドバイスであれ、今や私たちは、就職にまつわる言葉や情報に振り回されている観がある。効果があるのかどうか不明な対策に早くから追われ、「良い会社」のランキングに惑わされ、就職希望先が「ブラック認定」されていないかどうかに一喜一憂し、めまぐるしく変わる「好ましい働き方」の提言に翻弄され、働く前に疲れ切ってしまう人が多いのではなかろうか。

就職に必死なことはわかる。景気が回復基調にあると言われても、多くの者にとってその実感は乏しい。しかし、少しばかり立ち止まって考えてもらいたい。そもそも労働の実態を知らなくては、働くための準備はできないはずである。

働く場の環境とは、「ブラック」か「ホワイト」かで色分けできるほど単純ではない。経営のグローバル化といった世界規模の趨勢から、情報通信技術の普及、産業構造の転換、各産業の特性、各国固有の社会制度、働く者と働かせる者との関係（労使関係）、各企業の経営戦略・組織構造・人的資源管理、部署および持ち場の特徴、職場の人間関係、そして上司の人柄に至るまで、組織は多層的な構造を持ち、働く場は無数の要素からなる。かりにある企業の評判が芳しくないとしても、国全体に関わる労務施策によるものか、会社に固有な労務管理や組織文化によるものか、はたまた特定の職場における上司によるものかによって、問題の根深さは異なり、就職希望者がとるべき対策は違ってくる。つまり、組織を多層的な構造として把握し、働く場を多様な要素からなるモノとして捉えなければ、会社の実態は、そして「会社の評判」の真偽はわかりかねるのである。もっとも、そのような面倒なことはしなくても、面接対応のテクニックを駆使して内定をもらうことは可能であろう。しかしそれでは、働き出してから困ることになる。「イメージと違った」としてすぐに辞めたり、「自分を適切に守る」ことができずに追い込まれたり、働く先を変えても「同じ間違い」を繰り返したりすることになるだろう。

この本は、就職や働き方に関する言説の「混乱状態」に惑わされず、雇用や労働の実態に即して〈働くこと〉を考え直す試みである。まずは働き方にかんする馴染み深いオピニオンリーダーを取り上げて、日本企業での「（好ましい）働き方」の議論を整理する。具体例として「経営の神様」と評されるドラッカーの著書を紹介し、彼の言説を雇用の概況や労働の実態とつきあわせて分析する。

そして次章以降、ドラッカーの議論に欠けていた論点を深め、働く場の実相を細かくみていく。「いじめ」、「うつ病」、「過労死・自殺」といった、ドラッカーのみならずほとんどの人が目を背けてきた、日本企業が一貫して抱えてきた深刻な現象に焦点をあてて、それらの問題の本質をつかむ。加えて、職場運営への「参加」と「高い品質」といった、日本の製造現場に関して好意的に評価されてきた側面にも目配りし、その実像を確かめたい。
日本企業における「(望ましい)働き方」に関する言説は、「バブル経済」の崩壊を機に極端に変わった。いわゆる「日本的経営」がもてはやされた時代と、「日本的経営」への風当たりが強くなった時代とで、大きく区分けされる。しかし、評価の傾向が大きく変わろうとも、働く場の実状が顧みられることはほとんどなかった。そして、就職や働き方に関しての「言葉の氾濫状態」は、形を変えて今も続いている。本書を通してこのことを理解した読者には、もはや歯切れの良い言葉に安易に飛びつくことはやめて、「自分たちの働き方」を働く場の実態に基づいて自らが考え、実行してもらいたい。本書が、就職活動に対するスタンスを、そして〈働くこと〉全般に対するスタンスを見直すきっかけになったら幸いである。

この本は多くの方々に読んでもらいたい。就職を控えた学生や就職活動中の人をはじめとして、現在働いている人、そして働く気がない人にも関わりのある内容だからである。とりわけ就職活動中の度重なるガイダンスや「圧迫面接」に嫌気が差した人、組織や働き方の「改革」に馴染めない人に読んでいただきたい。そのような人たちは、働く気がないわけではないが、実質を伴わない「やる気」を煽る雰囲気が苦手なのではなかろうか。本書を読んでいただければ、その感覚は「おかしい」わけではないことが理解できる。むしろ働く場の実状からすれば、健全な自己防衛であるといえよう。

〝新しい〟キャリア論や経営論を唱えて耳目をひこうとする人たち、それを素直に取り入れようとする「勤勉な人たち」にも読んでいただきたい。働く場で今何が起きているのか。働く場を無視して強引に「改革」を進めれば、職場が混乱状態に陥ることは必定である。〈働くこと〉に関わるすべての人たちにとって、現場を知ることが先である。いかなる立場であろうと、現場に基づいて働き方を再検討することにより、会社は適切に変わり、そして労働社会が望ましい方向に変わっていくのである。

二〇一五年一月二十七日　岐阜にて

伊原亮司

第一章

# 経営書・自己啓発本をつい読みたくなる人たちへ

## ――「経営の神様」ドラッカーの言説から

### はじめに

二〇〇九年の生誕百年にあたり、ドラッカーは社会的に脚光を浴びた。ドラッカーの名を冠するビジネス書が数多く書店に並び、ドラッカー関連書籍が映画化された。初来日は一九五九年であり、それ以降、日本で絶大な人気を博し、定期的にブームになった。出す本はベストセラーになり、時代を先取りするコンセプトは流行語になった。彼は二〇〇五年に九十五歳で亡くなったが、同年にドラッカー学会が立ち上げられ、今なお根強いファン（ドラッカリアン）が彼を慕っている。これほどまでに息長く、日本で支持されてきたオピニオンリーダーは珍しい。[*1]

Ｐ・Ｆ・ドラッカー Peter Ferdinand Drucker は言わずと知れた経営学の泰斗であり、マネジメントを総体的に捉えようとした先駆者である。マネジメントの本質を追究した経営学者であると同時に、実践的な経営コンサルタントでもあった。その対象は、企業組織に限定されない。行政組織、教育機関、環境問題、医療福祉、ＮＰＯ（非営利組織）と、営利企業以外の組織の解明、課題の解決、管理運営にも取り組んだ。「分権化」、「目標管理」、「知識労働者」、「民営化」は、すべてドラッカーの造語と言われており、新しい経営モデルを次々と打ち出してきた。現代社会の特徴を鋭くつかみ、時代の「断絶」や社会の「転換」をいち早く捉え、社会と文明の未来を見通す社会学者でもあった。ドラッカーは、自らを「社会生態学者」と称し、特定の分野に収まりきらない「知の巨人」と評されたのである。

ドラッカーは時代を超えて読み継がれてきた。この小論は、多くの日本人に愛読されてきたドラッカーの著書の中で、望ましい「働かせ方」に関する議論を紹介し、それらを日本社会の雇用状況と職場環境に照らしあわせて検証する。[*2] まずは、ドラッカーのマネジメントに関する著書を紐解きながら、彼が望む「働かせ方」を提示する。それらの議論は、働く当事者の視点からみると、いかに評価することができるのか。社会的にいかなる意味をもったのか。ここでは二つの時期に分けてそれらの点を検討する。日本経済が右肩上がりに成長した時代とその後であり、いわゆる「日本的経営」が評価された時代と市場原理に基づく雇用改革が強まる時代である。日本企業が国際市場で競争優位を確立する時代に、ドラッカーは日本企業の労働者管理と労働慣行をいかに把握し、評価していたのか。最近のドラッカーブームで、ドラッカーの著書はどのように読まれているのか。この章は、社会的に影響力を持った論者の一人としてドラッカーに注目し、望ましい「働かせ方」・「働き方」に関する彼の議論と雇用および労働の実態とをつきあわせて、彼の言説が〝時代を超えた〟経営イデオロギーとして機能してきた側面を浮き彫りにする。

## 1　ドラッカーが考える望ましい「働かせ方」

初めに、ドラッカーのマネジメントに関する著書から、彼が求める「働かせ方」を整理する。彼の理論の根底にある社会観・人間観を明らかにし、マネジメントについての定義を確認した上で、それらから導き出される望ましい「働かせ方」を順序立てて示そう。

## （1）「自由社会」とマネジメントの必要性

ドラッカーの理論の根底にある思想は、「ファシズム全体主義」に対する嫌悪と「自由社会」の擁護である。彼がこのような思想を持つに至る理由は、生い立ちから容易に推測される。ドラッカーはウィーンで生まれ育ち、十七歳の時にドイツに出て、働きながら大学に通った。多感な青年時代に、ナチスが日に日に勢力を強める現実に直面した。新聞記者をしていたドラッカーは、ヒトラーやゲッベルスに何度か取材する機会があり、ナチスの危険性をいち早く察知したのである。「ドイツ保守主義の父」と言われる十九世紀の哲学者であり、ユダヤ人であったフリードリッヒ・シュタールについて書いた本を出版するや否や（一九三三年に出版されたがただちに発禁処分になった）、ナチスの危険が身に降りかかる前にドイツから脱出し、一九三三年に英国に、そして一九三七年に米国に移り住んだ。[*3]

アメリカに渡ったドラッカーは、そこに「個の尊重」と「機会の平等」とをみる。個人主義を基盤とする「自由な国」、アメリカを好意的に受け止め、ヨーロッパの階級社会とは異なる「中流階級社会」をそこにみたのである。

しかし、ドラッカーは、「自由社会」を求めたものの、「無秩序」を肯定したわけではなかった。現秩序を否定し、虚無主義に逃避するだけでは、全体主義の専制にとってかわられると考えたのである。ドラッカーは、このことを『「経済人」のおわり』（一九三九年）で「ファシズム全体主義」の分析を通して明らかにした。そしてここから、新しい秩序を設計し、運営するためのマネジメントの重要性を説くことにつながる。「自立した組織をして高度の成果をあげさせることが、自由と尊厳を守る唯一の方策である。その組織に成果をあげさせるものがマネジメントであり、マネジメントの力である。成果をあげる責任あるマネジメントこそ全体主義に代わるものであり、われわれを全体主義から守る唯一の手だてである」（『マネジメント（上）』まえがきⅳ）。

### （2）マネジメントとは

では、ドラッカーにとって、マネジメントとは何か。それは、経済的資源を組織化し、経済の成長を達成して、「人類の福祉」と「社会正義」を守る、強力な原動力である（『現代の経営（上）』二―五頁）。その理念を実現する上で最も大切なことは、経営者の「責任」である。経営の本質とは「責任に他ならない」。経営者の責任とは、「公共の利益」と「企業の利益」の「調和」を実現することである（『現代の経営（下）』三一五頁）。

ドラッカーは、日本の資本主義の基盤を築いた渋沢栄一を尊敬していた。渋沢といえば、「右手にそろばん、左手に論語」という言葉で有名である。本来、論語（仁義道徳）と算盤（利益）は「懸け離れたもの」のように思われているが、それらを一致させることによって国の富をなすという「道徳経済合一説」という理念を打ち出した人物である。[*4] 渋沢と同様、ドラッカーも、利益至上主義を否定したのである。

ただし、彼の著書には次のような件もある。「企業の活動には、従業員の幸福、コミュニティの福祉、文化への貢献など、多様な非経済的な成果がある。しかし、経済的な成果をあげられないならば、マネジメントは失敗である。消費者が進んで支払う価格で、望む財やサービスを提供できなければ失敗である。自らに託された経済的資源を使って、その資源の富を創出する能力を増大させることができなければ、あるいは少なくとも維持できなければ、失敗である」（『現代の経営（上）』八―九頁）。

すなわち、ドラッカーにとって、マネジメントとは「人類の福祉」と「社会正義」に貢献するものであり、それを実現するためには何よりも経営者の「責任」が問われるが、そのことは、「金儲け」が悪いということを意味するわけではない。むしろ、利潤の確保なしには、社会への還元はできないし、会社が成長し続けることも不可能であると考えたのである。しかし、それが企業の目的になってはならない。あくまで「企業存続の条件」であり、「未来の費用、事業を続けるための費用である」と位置づけたのである（『マネジメント（上）』一四八頁）。

では、利益を出し、企業を成長させ続けるためにはどうしたらいいのか。ここでドラッカーの有名な「企業の目的」の定義が登場する。「企業の目的の定義は一つしかない。それは顧客の創造である」（同上、七三頁）。「顧客こそが企業の基盤である。顧客こそが企業を存続させる。顧客こそが雇用を生み出す」（同上、七四頁）。

### （3）経営組織と「働かせ方」

ドラッカーは、マネジメントの必要性を認識し、マネジメントなしには健全な組織運営は不可能であると理解し、マネジメントは「プロフェッショナルな仕事」でなければならないと強調する。しかし、そのことは、経営の権限をトップマネジメントや一部のスタッフが握ることを意味したわけではない。むしろ、組織構造は「分権型」が望ましいと彼は考えたのである。

ドラッカーは『産業人の未来』（一九五〇年）で「自治」や「分権制」の重要性を説く。そして、一年半かけてGM（ゼネラル・モータース）を調査して、「分権制」（事業部制と同じ）の実態を企業の内側から詳述した（『企業とはなにか』（一九六二年））。二十世紀は巨大な企業組織が台頭した時代である。ドラッカーは、そのような時代の幕開けを目の当たりにして、自由企業体制において大企業はいかに機能すべきかという点に関心を抱く。巨大企業の経営組織の構造と機能に関する調査・分析を行い、権限の委譲と「責任ある労働者」とを求めたのであった。

ドラッカーはこの「分権制」というアイデアを製造現場の働き方にも適用する。ライン労働者に「権限を委譲」し、「運営に参加」させるべきであると考えた。十九世紀後半から二十世紀の初頭にかけてF・W・テイラー Frederick Winslow Taylor によりアメリカで体系化され、その後、世界中に広まった「科学的管理法」とは異なる管理手法をドラッカーは望んでいたのである。

正確に言うと、ドラッカーは、科学的管理法を評価していなかったわけではない。むしろ高く評価していた。仕事を要素動作に分解し、要素動作を改善することは正しいとみていた。[*5] しかし、次の二つの点で間違った方法であると批判を加えた。一つは、労働者が担当する仕事を、分解した要素動作に限定した点であり、もう一つは、分解そのものに携わる人と携わらない人とに分けた点である。

「確かに、個々の作業は分解し、研究し、改善しなければならない。しかし人的資源は、それらの要素動作を仕事として再び統合し、人に特有の能力を活用できるものとしなければ、生産的たりえない」（『現代の経営（下）』一五〇頁）。仕事を要素作業に分解したからといって、その分解後の最小単位で労働者に仕事をやらせなければならない必然性はない。分解した要素を「再統合」し、もっと大きな括りで仕事を任せて、「人間の能力」を有効に活用すべきであると、ドラッカーは考えたのである。

科学的管理法の第二の欠点は、「実行からの計画の分離」と言い換えることができる。この点についても、「分析の原理」は正しいが、それをそのまま「行動の原理」にしている点が誤りであるとみなす。なぜなら、仕事の機能を実行と計画とに分け、それらを別々の作業に分解したからといって、「計画する者と実行する者とは別の人でなければならない」わけではないからである（同上、一五一頁）。そして、これら二つの欠点を持つがゆえに、科学的管理法は「人に特有な能力」を十分には活用できず、生産的ではないと、ドラッカーは否定的に捉えたのであった。

では、科学的管理法の限界——労働者の社会的・心理的な側面を軽視し、反発や抵抗を招いたこと——を克服しようとして開発され、発展してきた人間関係論や人事管理を、ドラッカーはどのように評価したのか。彼は、それらの管理手法を好意的に評価したが、職場での親睦や企業福祉の充実といった仕事以外のことによる動機付けには反対であった。働く者が「責任」を持って仕事に取り組むことで、生産性が高まる。実行だけでなく計画にも「参加」させ、個々の要素動作を「再統合」させた仕事を任せ、「責任」を持たせることが重要であると、ドラッカーはここでも同じことを強調したのである。

望ましい働かせ方のモデルの根底には、ドラッカーの「人的資源」に対する独自の見方があった。経済学的にみれば、労働者は他の資源と同様、人的な「資源」にすぎないが、ドラッカーは、他の生産要素とは異なる「人的」な特徴に注目した。それは、人間の「成長可能な側面」である。その「潜在的な能力」をいかに引き出すかが、他社に対して優位に立つ鍵となり、会社を発展させる重要なポイントであると理解していたのである。

「人の一部を雇うことはできず、人全体を雇わなければならないからこそ、成果をあげるという人の能力の向上が、そのまま企業の成長と業績のための最高の機会となる。人的資源、すなわち人間こそ、企業に託されたもののうち、最も生産的でありながら、最も変化しやすい資源である。そして最も大きな潜在的な力をもつ資源である」（同上、一一五頁）。

「人的資源」に対するこのような捉え方には、ドラッカーの人間観が投影されている。人は働きたがらないモノだという考え方が、当時、一般的であった。しかし、ドラッカーはそのような考え方は間違いであると断言する。人は、何かを成し遂げたがる、自分の得意なことをやりたがる、能力がある者は進んで働こうとする意欲がある、このような人間観を持っていたのである。そして、労働者から意欲を引き出すために必要なモノは、外からの「恐怖」でも、「経済的な動機付け」でもない。彼は、賃金のアップといった「経済的な誘因」を完全に否定していたわけではないが、それが労働者の「やる気」を促す上で積極的な意味を持つとは思わなかった。人間は、「内側からの動機付け」が必要であり、それを促すのは「責任」である。労働者は、「責任」を伴う仕事を任されることによって自発的に働くのであり、労働者を動機付けるためには、労働そのものの中身とそれへの関わらせ方こそが重要である。ドラッカーは、このような人間観、労働者観を持っていた。*6

しかし、当時の大方の会社は、「一般従業員を経営管理者と区別して、自分や他の人間の仕事に関する決定に責任もなければ関与もせず、指示されたとおりに働く人たちとして定義する。ということは、一般従業員を物的資源と同じように見、企業への寄与に関しても、機械的な法則のもとにあるものと考えていることを意味する。これは、重大な誤りである」(『現代の経営（上）』一七頁)。

以上の考察を踏まえて、ドラッカーは望ましい「働かせ方」を具体的に提案する。まずは安定した雇用と賃金の保障である。「われわれはすでに経験上、雇用と賃金の安定は、適切な方法によるならば企業に利益をもたらし、コスト削減につながることを知っている。それは博愛のためのものではない。そのようなものとして取り組むべきものでもない」(『現代の経営（下）』二〇〇頁)。雇用を保障し、安定した賃金を与え、失業の怖れを取り除くことで、生産制限や変化に対する抵抗を抑えることができる。その上で、一人ひとりの労働者には、分解した要素動作をひとまとめにした作業を担当させる。その際、作業者から「挑戦」を引き出すために「技能や判断を要する要素」を仕事に含ませ、また仕事に「リズム」を与えるため、作業の組みあわせ方に工夫を凝らす。最終的な作業の設計には職長や一般の従業員にも「参加」させ、仕事の進め方を後で変えられる権限を与え、これらの作業を完遂できるように職場で訓練を行う。このような「働かせ方」を採用することで、作業者は自ら進んで「高い目標」を達成しようとする（同上、一七〇—一七一頁）。

働く場の運営は職場の「チーム」に行わせ、現場管理者はその集団から、すなわち「現場の仲間」から登用する。そうすることにより、働く者を動機付けると同時に、最も優秀な者を管理者にすることができる。「従業員からの登用こそ、優れた現場管理者を得るための唯一の方法である。優れた現場管理者となるうえで、チームの一員として働いた経験に勝るものはない。大学の新卒者を現場管理者に就けるという最近の傾向は、基本的に無責任で反社会的である。幹部候補生として採用した学卒者だけを、経営管理者や専門職の高い地位に就けるという最近の風潮についても、同じことがいえる」（同上、二一四頁）。

まとめると、ドラッカーは、テイラーの科学的管理法を現場管理の基盤に据え、要素動作の分解から始めるが、その要素動作を「再統合」させ、作業設計に労働者を「参加」させ、「再統合」した労働を自分のリズムでこなさせ、「目標管理」で定めた「挑戦的な課題」に取り組ませる。雇用と賃金の保障の下、チーム単位で職場を運営させ、現場から管理者を登用する。ドラッカーは、このような管理を実行することで、労働者は高い「責任感」を持ち、組織への「労働者統合」が強まり、ひいては生産性が高まると考えたのである。

### （４）技術的な要請

ドラッカーによれば、このような「分権化」、柔軟な作業組織、質の高い労働は、オートメーションによる要請でもある。一般的には、オートメーションは、人から労働を奪い、労働を単純化させると思われているが、それは誤りであると、ドラッカーは言い切る。むしろ、従来、人間が担っていた単純労働は機械が行うようになり、人間はより頭脳を必要とする複雑な作業を担当するようになると予見する。

「現在、もう一つの変化が進行中である。新しい技術が、企業で働くすべての人たちの水準をさらに上げることを約束している。今日の半熟練労働者である工場労働者は、熟練労働者たる機械保全要員、または工具や機械の設置要員となる。同じように半熟練労働者である事務職も、工場労働者ほどではないにしても、多くの場合、研究所の技術者とほぼ同等の基礎的訓練を受けた技術者となる」（同上、一〇五頁）。

## 2　ドラッカーによる日本人の「働き方」の診断

以上、ドラッカーが望ましいと考える「働かせ方」を著書に基づいて整理した。この労働者管理モデルは、その後の「ポスト・フォーディズム」論と共通点が多いことに気付かれた方もいるだろう。一九七四年にブレイヴァマン Harry Braverman が『労働と独占資本』を世に出し、科学的管理法による熟練の解体という管理のテーゼを提起した。この著書は反響を呼び、その後、科学的管理法の原理を組立ラインの形で具現化したフォード生産システムの否定的側面――単調で疎外された労働、不満と抵抗の増大、それらに起因する生産性低下――が考察され、それを乗り越えるシステム（＝「ポスト・フォーディズム」）の可能性（例えば、「計画と実行の再統合」）が検討された。ドラッカーは、これらの議論よりも遙か前に似たような「働かせ方」を構想していたのであり、その先見性には驚かされる。

当初、彼が、望ましい「働かせ方」の実践例として引きあいに出していたのはＩＢＭなどの米国企業であった。一九六〇年代の初めにドラッカーが来日した際の講演やセミナーの記録（『競争世界への挑戦――日本の経営に提言する』（一九六二年）、『経営とはなにか』（一九六四年））に目を通すと、その時点では「日本的経営」には触れていない。ＩＭＦ八条国に移行し、ＯＥＣＤの加盟国になる過渡期にあった日本は、国際市場という同じ土俵での競争、先進国と同じルールでの競争を迫られていた。外国企業との厳しい競争に勝ち残るための提言であり、もはや低賃金の優位性では戦えなくなった経営者へのアドバイスである。ところが、七〇年代に入ると論調は大きく変わる。『ハーバード・ビジネス・レビュー』に掲載された論文である「日本の経営から学ぶもの」（一九七一年）では、次の三点について、日本企業の労働者管理と労働慣行を高く評価した。

一つ目は、日本人の「合意」（コンセンサス）に基づく意思決定である。日本人は意見の一致をみるまで粘り強く一つの提案について討議を重ねる。そして、「合意」に達した時にだけ決定を下す。欧米人が意思決定する際は、問題に対する〝答え〟に力点を置くのに対して、日本人は、その前の〝問題の明確化〟に時間をかけ、そもそも行動の変化が必要かどうかの「合意」の形成を重視する。このような手続は、些細なことでも容易には決まらないという問題も含むが、「合意」が形成された後は「スピーディに事が運ぶ」と、ドラッカーは肯定的に評価する。ちなみに、欧米では、意思決定を下した後、提案を「売り込む」のにそして「人を動かす」のに多くの時間がかかるという。

二つ目は、雇用の「保障」と「柔軟性」の両立である。日本は「終身雇用」政策をとっていることはよく知られているが、多くの誤解がある。それに基づく批判の一つが、「硬直的な労働コスト」である。現実には、景気が後退すると、日本企業は早期に従業員を退職させて「柔軟にコストを削減」する。しかも、勤続年数が短い人から一時解雇するアメリカの「先任権制度」とは異なり、それを引き受けるのは「経済的に余裕がある人」である。日本企業はこのような形で雇用の柔軟性を確保しながらも、原則、仕事と所得を保障しているために、日本の従業員は技術や工程の「変化を容認」するのである。

三つ目は、「継続的訓練」と「人材育成」である。日本の企業は「継続的な教育」を重視してきた。しかも、社員を特定の専門に限定しない「ゼネラリスト」として育成してきた。企業外で高度な教育を受けた「スペシャリスト」の活用に対する根強い抵抗は、日本企業や日本政府の最大の弱点であるが、社内でさまざまな部署を経験させることによって、欧米企業で働く人のような「視野の狭さ」を克服することができる。そして、このような教育は、先輩（「教父」）が「温情主義的」に若者を育て上げる仕組みが職場に存在していることにより可能であり、また、職場での教育は「世代間のギャップ」を埋める役割も果たしているとして、ドラッカーはこの教育制度を好意的に評価する。

では、日本企業の現場における「働かせ方」に関してはどのように理解していたのか。「日本の企業が行なっていることは、フレデリック・テイラーの科学的管理法への回帰に極めて近い。違いは、インダストリアル・エンジニアリングの代わりに、機械のオペレーター自身が、課題、仕事、道具の検討を行なうというところにあるにすぎない。そしてストップウォッチと写真機の代わりに、コンピュータによるシミュレーションを使っているというところにあるにすぎない」（『未来企業』二二〇頁）。つまり、日本企業も現場の労働を要素動作に分解しており、科学的管理法を用いている点では変わらないが、オペレーター自身が要素動作の分解と「再統合」に「参加」している点が異なると捉えていたのである。

## 3　雇用と労働の実態——労働者間の格差と組織内の力学

ドラッカーは、日本企業の労働者管理と労働慣行を高く評価した。そこに、彼が理想とする「働かせ方」の具体例を見た。そして、日本企業に好意的なドラッカーの議論は日本の経営者に受け入れられ、[*7]日本企業「礼賛論」は日本社会に広まったのである。

もちろん、ドラッカーだけが日本企業の経営を賞賛していたわけではない。一九五八年に出版されたアベグレン『日本の経営』以降、数多くの論者が日本企業の経営を取り上げてきたことは、改めて言うまでもない。しかし、初期の「日本的経営」論の多くは、その特徴を日本文化の独自性から説明しようとしたのに対して、ドラッカーは、「先進性」や「普遍性」という視点から評価した点で、その他大勢の論者とは異なった。八〇年代に入ると、彼のような議論は珍しくなくなる。先掲の「日本の経営から学ぶもの」の論文は、『ハーバード・ビジネスの日本診断――対日戦略のシナリオ』（一九八三年）に再録された。その著書には、ドラッカーの他に、『ジャパン・アズ・ナンバーワン』（一九七九年）で日本経済の高度成長の要因を分析したエズラ・ボーゲル、『セオリー・Z』（一九八一年）で日本企業に根付く「強い文化」が競争力を生み出していることを明らかにしたウィリアム・オオウチ、『ジャパニーズ・マネジメント』（一九八一年）で日本企業の優位の源泉として「文化」と「人の扱い方」に注目したリチャード・パスカルなど、「日本的経営」論を国内外に広めた著名な論者が名を連ねるが、彼らが「先進性」・「普遍性」という観点から日本の社会論や経営論を展開したのは七〇年代末から八〇年代にかけてである。ドラッカーはそのブームの先駆的な役割を果たした一人と言える。

ドラッカーたちは、日本企業の現場を、権限委譲、参加、合意形成、キャリアアップ、質の高い労働者という面から好意的に評価した。では、雇用と働く場の実態はどうであったのか。ここでは、労働市場における労働者間の格差と、組織内における管理部門と現場との力関係に限定して、それらの点を改めて検証したい。

## (1) 労働者間の格差

先に挙げた「日本的」と言われた労働慣行は、すべての会社、あらゆる労働者にあてはまったわけではないことに留意が必要である。今となっては周知の事実であるので簡単に触れるにとどめるが、大企業の大卒男性正社員以外の多くの人たちは——中小企業の労働者、中(高)卒の労働者、女性労働者、外国人労働者、非正規労働者などは——そのような待遇を受けていなかったのであり、日本の「企業社会」の中にも格差や差別が存在したのである。[*8] ホワイトカラーとブルーカラーとでは昇進スピードや到達できるポストに違いがあることは明白であるが、同じ「現場労働者」の中にも格差や棲み分けがあった。大企業と中小企業とでは労働条件や作業環境は違ったし、正規労働者と臨時工とでは待遇はあからさまに異なった。ほとんどの女性労働者は男性の補助的役割に限定され、昇進可能性・作業内容・賃金などの点で差別されていた。[*9]「現場労働者」の中で、職場運営に参加し、高いレベルのカイゼンや機械の修理・メンテナンスに携われた人は限られていたのだ。

## (2) 管理部門と現場との力関係

以上は、いわゆる「日本的雇用慣行」に対する、労働市場の分断と社内分業という視点からの批判や限定であるが、組織内部の力関係はどうであったのか。

日本企業の現場は、権限を委譲され、チーム内で合意を形成しながら職場を運営していると想定された。しかし今みたように、それに該当する人は限られていたが、その点に加えて、管理部門と現場との間には力関係が存在した点を見落としてはならない。現場は、一方的に管理統制されているわけではないが、完全に自律的に職場を運営しているわけでもない。両者の力関係を実態に即して検証しなければ、「自律的な職場運営」の内実はみえてこない。ここでは、職場運営上、最も重要な案件の一つである現場管理者の人選について、トヨタの事例で確認しよう。[*10]

戦後しばらくの間は、労働運動が高まりをみせ、労働者が現場運営の実権を握った企業が多かった。民主化運動が盛り上がる中で、職員と工員とを隔てる戦前の差別制度が撤廃された。トヨタも同じような経緯を辿った。

しかし、一九五〇年代の壮絶な労働争議の敗北を経て、現場の運営は管理部門のコントロール下に置かれ、人事管理に関しては人事部が強い力を行使するようになる。日本企業における人事部への権力集中は、働いた経験のある者なら理解できるであろう。[*11] しかし、ここから慎重な検討を要する。まずは現場の内部からみていこう。

トヨタの現場の課長には、技術部門から送られてくる課長（「正課長」）と現場から登用される課長（「副課長」）とがいる（現在、この制度はなくなりつつある）。現場の人事権については、制度上は正課長が握っているが、実質的には「副課長」が掌握してきた。ホワイトカラーの課長は頻繁に変わる。二年くらいの周期で、よその部署に移ったり、本社に戻ったりする。そのような「正課長」は、現場からすると「おかざり」であり、形式的に最終決定を行う（判を押す）存在にすぎない。ここに、現場が実質的に力を行使できる仕組みがある。

では、人選や査定は完全に現場が握っているのか。人事部と現場との関係をみてみよう。昇進・昇格については、トヨタでは、入社してから一定期間、選抜者を決めない。十年ほどの間は「横一線の競争」が行われる。他の日本の大企業も同様である。しかし、この「暗黙のルール」の背後で、人事部は労働者の中で「第一選抜」から「第三選抜」までを決め、計画的にリーダー層を育ててきたのである。

人事部による選抜は確定ではない。その実態をさらに踏み込んでうかがったところ、現場と「相談しながら」という答えであった。だが、「第一選抜」に対する現場管理者による査定が悪いと、人事部から「なぜなのか」という「問い合わせ」が来るという。現場の管理者には、よほど出来が悪くない限り、選抜者の査定を一定範囲内におさめ、既定路線として「上」へあげなければならないというプレッシャーがかかる。

この選別の仕組みは、職場の長でもはっきりとはわからない。そのために、新卒社員は、入社十年ほどは同期と同じ条件で競争しているようなイメージを持って働き、結果的に、優秀な労働者が組織の「中核層」を担うようになると受け止める。実際には、当人たちのうかがい知れないところで、人事部が主導して選抜組を決めている。このずれこそが、つまり、選別に関する人事部による設計と労働者の意識とのずれこそが、「中核層」の形成と全体の「底上げ」とを両立させるのであり、この仕組みがホワイトカラーだけでなく、ブルーカラーにも適用されてきた点に注目すべきである。

ドラッカーは、日本の労働者管理を理想的な「働かせ方」として高く評価した。日本企業の現場は権限を委譲され、チーム単位で運営され、労働者の技能を高めていると理解した。

たしかに、現場の人材は系統だって教育され、キャリアは長期的に積み上げられ、労働者は徐々に複雑な仕事を担うようになる。本書では具体例を示さなかったが、ライン労働者であっても、カイゼン活動など、単純作業＋アルファの業務を命じられることがある。

しかし、同じ「現場労働者」の中にも、格差、分業、棲み分け、差別が存在し、皆が同じように質の高い仕事に従事しているわけではない。さらには、現場と管理部門との間には力関係が存在し、現場の「自律的運営」には大きな限定が付く。現場による裁量の余地が全くないわけではないが、人事部が大きな設計図を描き、しかも細かい点にまで現場に口を出す。ただし、ここで言いたいことは、人事部による強権的な現場への介入でも、各現場の利害を超えた人事部による長期的な視野での人材育成でもない。現場と人事部との力関係は固定的ではないし、各企業によっても異なる。問題は、そのような「上下」間の力学のあり方を実態に即して検証してこなかったために、恣意的に、つまり日本企業の競争優位に即して都合良く現場が解釈され、そのイメージが受け入れられてきたことである。「合意形成」、「自律性」、「キャリアアップ」など、ドラッカーをはじめとした日本企業の「礼賛論」者が用いた概念は一人歩きし、結果的に、労働者間の格差の実態や組織内の複雑な力関係を覆い隠すことになったのである。[*12]

ドラッカーをはじめとした日本企業を礼賛する論者の現場像は、日本企業が競争優位にある時代には説得力を持った。ところが、九〇年代に入り、日本企業の競争力が弱くなると、とたんに「日本的経営」叩きが始まり、強い現場の話もほとんど耳にしなくなった。ドラッカーからも一途な日本企業礼賛は聞かれなくなった。[*13]

しかし、ドラッカーのマネジメント論はここで終わりではなかった。むしろ、ここから日本の読者層を広げていったのである。

## 4　「知識労働者」とセルフマネジメント――『断絶の時代』そして『ポスト資本主義社会』

ドラッカーは、マネジメントの対象を営利企業以外にも広げていった。官庁、病院、教育機関、軍隊、研究所、NPOなど、あらゆる組織体をマネジメントの対象にした。マネジメントをする主体も、経営者に限らなくなった。ドラッカーによれば、もはや強力なリーダーの統率力に頼る時代は終わり、全員がマネジメントの視点を持って組織運営に関わる時代になった。

そのような運営をする上でとりわけ重要な存在になるのが、「知識労働者」である。「知識」がいまや「先進的かつ発達した経済」における「中心的生産要素」となり、経済を支える基盤はこれまでの「肉体労働」から「知識労働」へ変わった。知識労働者とは、管理職や技術職に限定されない。情報を収集・分析・発信し、知識を駆使して働く労働者は誰もが知識労働者である。ドラッカーは、このような知識労働者が働く者の大部を占めるようになり、それぞれの立場で「リーダーシップを発揮」し「自らの知識で判断」して働く時代になることを予見する（『断絶の時代』（一九六九年）第一二、一三章）。

ドラッカーの著書である『マネジメント』（一九七四年）をはじめとして、『経営者の条件』（一九六六年）、『イノベーションと企業家精神』（一九八五年）など、経営者層に読まれてきたマネジメント本が、あらゆる層に紹介されだした。さらには、『明日を支配するもの』（一九九九年）、『プロフェッショナルの条件』（二〇〇〇年）、『仕事の哲学』（二〇〇三年）などに記されたドラッカーの箴言を引用して「セルフマネジメント」を勧める「自己啓発本」が、ここ数年、多数出版されている。それらの本を通して、企業経営とは直接関わりのない層にもドラッカーは親しまれるようになった。

## 5　幅広い層によるドラッカーの読まれ方

### （1）身近な組織のマネジメント

岩崎夏海著『もし高校野球の女子マネージャーがドラッカーの「マネジメント」を読んだら』（ダイヤモンド社、二〇〇九年）がベストセラーになった。

この本は、野球部のマネージャーが、たまたま本屋で紹介されて購入したドラッカー『マネジメント（エッセンシャル版）』[*14]（二〇〇一年）を手引きとして、弱小野球部を立て直し、甲子園出場を勝ち取るまでの経緯を描いた物語である。目標を達成する過程でさまざまな困難に遭遇するが、そのたびにドラッカーの本を参照しながらそれらを乗り越えていく。

舞台となった高校は進学校であり、スポーツは活発ではなく、野球部も弱小である。監督も含めて誰もが甲子園の出場など無理だとはなから諦めている。しかし、野球部は秋の大会の惨敗を期に生まれ変わろうとし、マネージャーは部活運営の「変革」に取りかかる。部活組織の目標を具体的に設定した。「野球部を甲子園に連れて行く」ことである。マネージャーとは？　野球部の事業とは？　野球部の顧客とは？　親友や部員や監督に問いかけながら、マネジメントを実践していく。部員や友達が何を欲しているのかを聞き出すために「マーケティング」を行い、部員を最大の「財産」とみなして「人を活かし、育てる」練習メニューを組み、部員たちが練習をさぼることを「消費者運動」と捉えて練習メニューを組み直し、監督という「専門家」の通訳を担って監督と部員との意思疎通を円滑にし、新しい戦い方を「イノベーション」とみなして高校野球界の常識を打ち破ろうとし、野球部の取り組みを他の部活に広げることを「社会貢献」と位置づけて実行した。マネージャーは、「生産的な仕事」に従事して野球部の「パフォーマンス」を高めようとしたのであり、マネジメントの最重要な要件としてドラッカーが求める「真摯さ」とは「努力よりも成果」を出すことであると理解して、貪欲に勝利にこだわるのである。

この本の面白さは、高校生の部活動の「女子マネージャー」がマネージャーつながりで企業経営者向けの本を間違って読むところから始まり、部活動の「マネジメント」を自覚的に行うところにある。読者の中には、このストーリーに浸ることで、自分も身近な組織の「パフォーマンス」を高めたり「効率性」を向上させたりしてみたいという気にさせられ、身の回りの人・モノ・時間・金・情報をマネジメントの対象としてみるようになる人もいるであろう。

### (2) 全員が「個人商店主」として働く姿勢

岩崎氏の本は自分が所属する組織のマネジメントを題材とした小説であったが、自分自身をマネジメントするように促すドラッカー関連著書も数多く出版されている。

ユニクロの社長である柳井正氏は、二〇〇九年六月にNHKの「仕事学のすすめ」という番組で「わがドラッカー流経営論」を語った。その内容とテキスト、およびインタビューが元になって編まれた本が『柳井正　わがドラッカー流経営論』（NHK出版、二〇一〇年）である。

この番組は、経済評論家の勝間和代氏とブランド・プロデューサーの藤巻幸夫氏が聞き手となり、「二〇代後半以降の中堅ビジネスパーソン、つまり社会や会社の最低限のルールやスキルを身につけた方たちがさらに力を伸ばしていくための、リーダーシップの取り方や周囲とのコミュニケーションのしかた、知的生産術などの実用的なノウハウ、仕事に取り組む方法論、そして「仕事人」としての人生哲学を、第一線で活躍しているトップランナーたちに語ってもらいたい」というコンセプトで作られている。[*15]この回は、柳井氏にドラッカーから学んだこととその実践例として自社の経営のあり方を紹介してもらい、視聴者や読者は柳井氏を通してドラッカーからビジネススキルを、そして働く者の「姿勢」を学ぶのである。

柳井氏は、経営上の節目にはドラッカーに立ち戻り、自分のスタンスを再確認し、勇気づけられたと語る。そして経営者に限らずあらゆる人が、会社という枠に囚われない自分の意見や知識を持ち、自発的に行動する「知識労働者」としての生き方をドラッカーから学ぶべきだと説く。すでに働いている者には、「サラリーマン意識」を捨てて、自分を「個人商店主」に喩えて働くことを勧める。これから働く人には、働く目的が明確になり、モチベーションが高まり、働き方・生き方が変わると、ドラッカーに親しむことの有用さを教える。ドラッカーの教えを身につけることで、人が変わり、ひいては社会のあり方が変わると、柳井氏は力説する。

これらの著書の他にもドラッカー関連の本はたくさんある。すべてに目を通したわけではないが、それらは、ドラッカーを通じて、組織の運営の仕方、「プロ」としての働き方、企業に縛られない生き方をあらゆる層に訴えかける。ドラッカーの理論の柱となるコンセプト――「選択と集中」、「分権化」、「目標管理」、「顧客第一」など――を理解させ、身の回りをマネジメントする際に援用させ、「自己実現」をはかるためのツールとして活用させ、そして「生きる哲学」にまで高めさせようとするのである。

## 6 「プロフェッショナル」としての働き方は誰もが可能か

ドラッカーのマネジメント論は、かつては、雇用保障の下、同一組織で「ゼネラリスト」として働かせることを求めていたが、いまや、専門知識を駆使する「スペシャリスト」として企業横断的に働くことを奨励する。ドラッカーは、誰もが自律的に働く「プロフェッショナルな時代」が来ると将来を見通す。ドラッカーの関連本を読むと、自分の能力を高めれば、組織に縛られずに働くことが可能になり、生き方を変えられるとして、元気づけられる人も多いのではないだろうか。たとえ起業家にならなくても、「プロのビジネスパーソン」として働くことが可能であり、自分の能力次第で自由な生き方ができるわけである。しかし、果たしてそのような魅力的な働き方は誰もが可能なのか。

### （1）知識労働者と企業横断的な働き方

ドラッカーの予見通り、知識を用いて働く労働者の数は増加した。情報通信機器（ＩＣＴ）の普及と産業構造の転換を指摘するだけでとりあえずは良いだろう。

しかし、知識を駆使して働く人といっても、経営者や専門職と製造現場でカイゼン活動をする人とでは、また業種や職種によっても、働き方は大きく異なる。ドラッカーのように、ひとまとめに「知識労働者」と呼ぶことには無理がある。本書は、「知識社会」の出現の基盤と目されるＩＣＴの産業に関わる労働者に限定して、企業横断的に働ける可能性について考えてみたい。

バブル経済崩壊後に停滞していた日本社会とは対照的に、好景気に沸いていた米国経済は、ＩＣＴにより立ち直ったと喧伝された。その象徴がシリコンバレーである。小さな倉庫で仲間と起業し、短期間で会社を成長させ、株式を上場して大金持ちになる人が現れた。一つの会社にとどまらず、組織を渡り歩いて高給取りになる勤め人も出現した。このようなＩＣＴ業界の起業家や技術者の自由でエネルギッシュなイメージが、日本の労働市場の流動化論を後押しした。

しかし実際には、この業界の誰もが「創造的な仕事」に携わっているわけではない。同じ業界の中にもさまざまな職種がある。ＩＣＴ提供企業で働く人とＩＣＴユーザー企業で働く人、開発系と運用系、プロダクト全体を統括するマネージャーから、テクニカルスペシャリスト、クリエーター、アーキテクトデザイン、ストラテジスト、プログラマーなどの違いがある。すべての人が高度な専門知識を駆使して自由に働いているわけではない。長時間の高密度労働を強いられる多くの労働者が、この業界の「底辺」を支えているのである。

それにはいくつかの理由が考えられる。一つに、労働の標準化・細分化・可視化がある。ドラッカーは、肉体労働を分解した後の要素作業しか労働者に担当させないとして、テイラーの科学的管理法を批判したが、この原理は知識労働にも適用されている点を見落としている。もちろん肉体労働に比べると作業過程の管理は難しい。しかし、作業内容をできるだけ可視化することにより、監視を強め、「ムダ」を省き、人を減らし、人件費を安くしようとする管理欲求はどの業界にも存在するのである。

二つ目の理由は、ＩＣＴ業界の「多重下請構造」である。主契約者として受注した仕事の一部あるいは全部を下請会社に回し、さらにそれを下請に回すという、「多重下請構造」がこの業界では普通にみられる。その実態は、階層間の管理がずさんであり、下請企業へ丸投げされていることも多く、厳しい納期、低コスト、長時間労働が「下」へ行くほどに押しつけられている。*16

そして三つ目の理由は、専門職の非正規化の問題である。この業界でも「技術派遣者」と呼ばれる派遣社員が数多く働いている。発注者である大企業の従業員は、労働組合の保護下にあり、労使間で締結される「三六協定」の範囲内の就労にとどまるが、一緒に働く派遣労働者はこの対象外である。仕事が間に合わない場合には、連日の深夜労働・休日出勤が非正規労働者に押し付けられ、精神疾患が深刻な問題になっている。[*17]

いかなる業界であろうと、労働者はさまざまな権力関係の下で働いている。ＩＣＴの普及により仕事が高度化する面もあれば、単純化する面もあるのだが、「情報社会論」、「マイクロエレクトロニクス（ＭＥ）革命」がもてはやされた時と同様、「ＩＴ革命」の時も、技術決定論的に労働の高度化を予想する議論が目立った。ドラッカーも同じ間違いを犯しているのである。[*18]

では、高い技術を持つ者に限って言えば、自分の意思で企業を渡り歩いて働くことができるのか。そういう人もいないわけではないが、ＩＣＴは技術の陳腐化がすこぶる速いため、この業界で働く者は自分を高く売り続けることは難しい。技術変化が速く、先行きが不透明な業界のため、また、ＩＣＴ関連の投資は景気との連動性が高く、労働市場の需給関係の変動が大きいために、習得技術がすぐに必要とされなくなるリスクが高いのである。この業界で働く者は他業界に比べれば会社へのこだわりは低いものの、教育と技術向上は会社に依存的にならざるを得ない業界の事情がある。[*19]

以上の限られた論考でも、専門知識を企業横断的に高く売り続けることは非常に難しいことが推察される。もともと労働市場の流動性が低く、社外の教育制度の整備が不十分であり、[*20]雇う側も労働市場の流動化を望んでいるわけではない。[*21]このような状況下では、個人が負担する会社からの「退出コスト」が非常に高くなるので、よほど高い報酬が確約されない限りは会社を移動しようという気にはなりにくい。もし積極的な理由なしに市場に出れば、労働条件は悪化し、「根無し草」のような生き方を強いられることになる。

## （2）長期雇用者と「成果主義」

では次に、同じ企業で長期間、働き続ける人に注目して、「プロのビジネスパーソン」として働く現実をみてみよう。

低迷する日本企業の業績を回復させることを意図して、アメリカ型の「成果主義」がこぞって導入された。[*22] 年功的処遇を見直し、各人の「成果」に報いるといった表現で、「成果主義」の導入が進められた。この新しい管理制度は、「プロのビジネスパーソン」としての働き方と整合的である。

しかし、結論を先に言えば、「成果主義」は現場レベルで大きな混乱を招いた。新しい制度を十全に機能させるためには、その他の制度を含む環境づくりが欠かせないが、「成果主義」を競争力回復の特効薬とみなして十分な検討なしに導入した企業では、あるいはコスト削減を目的として安易に導入した企業では、経営者が意図した通りには機能しなかったのである。[*23]

「成果主義」の人事制度とは、明確な目標を定め、成果を数値で把握し、それらを対応させて労働者を〝厳密に〟評価する制度であり、設定目標の「妥当性」と評価の「客観性」が成否の鍵を握る。しかし、業務内容と業務負担を明確にし、目標を具体的に定め、評価基準を細かく作り、誰もが納得する評価を行うことはことのほか難しい。実際には、「成果主義」がずさんな形で導入され、負担と評価の「公平性」が確保できず、かえって労働者のモラールが下がるケースが多発した。かといって、それらを厳密にやろうとすれば、それ自体が大幅に仕事を増やすことになる。「成果主義」はこのようなジレンマを抱えているのだ。

「成果主義」は従来の職場における協力体制と相容れない面がある。チーム単位で職場を運営することのメリットの一つは、各人の業務範囲の曖昧な部分や新規に生まれた仕事を働く者どうしが協力しあってこなす点にあるが、業務目標が個別に言い渡されると、それだけを追求しようとする者が出てくる。むろん、「成果主義」が求める労働者像は、自己中心的に働く人ではない。評価項目の中には「協調性」や「部下の教育」も入っていることが通例であろう。しかし、仕事に追い立てられている者からすれば、数字で結果が現れる項目を優先的に取り組み、それ以外は後回しになりやすい。そうなると、協力体制が損なわれるのである。

とはいうものの、実際の職場ではこのような状態を「どうにかしよう」とする者が一人や二人必ずいる。一方で、自分の目標の達成に徹する利己的な者が現れるが、他方で、組織を支える上で欠かせないこと――後輩の教育であったり、他の労働者のフォローであったり、他の部署との折衝であったり、長期的な視点での職場運営であったり、新規に生まれた仕事をこなすことであったり――を自ら買って出る者がいる。「誠実な人」ほど、「成果主義」の機能不全をカバーしようとして負担を抱え込むのだ。人の出入りがまれな時代には、そうした「陰の努力」を厭わない者は職場構成員が評価し、「上」に引き上げられ、長期的には「報われた」。ところが人の出入りが激しくなり、かつ「成果主義」が浸透すると、そのような人の功績は目に付きにくくなり、評価されにくくなった。やっても評価されるわけではないが、やらなければ組織が衰退する類の「仕事」である。こうして、彼ら・彼女たちの「見えざる負担」により組織が回っていき、一部の労働者はいつまでたっても過重な負担から逃れられず、燃え尽きて「うつ病」になったり、自殺にまで追い込まれたりする者が出てくるのである。

日本経営者団体連盟（以下、日経連と略、現・日本経団連）は一九九五年に『新時代の「日本的経営」』を発表し、労働市場の流動化と働き方の「多様化」を積極的に推し進めるスタンスを明示した。従来の長期雇用者は「長期蓄積能力開発型グループ」として一定数残すが、その他に、必要な時にだけ活用する、「高度専門能力開発型グループ」と「雇用柔軟型グループ」とをカテゴライズした。しかし、現実をみると、「高度専門職」と「非正規雇用者」とは必ずしも別個のカテゴリーではなく、「専門的な知識」を駆使する非正規労働者が増えている。ほとんどの有期雇用労働者には、雇用形態や働き方の選択権はない。主体的に好きな仕事を選び、会社に縛られない生き方を謳歌する、といったポジティブに意味付けされた労働者像は、とりわけ二〇〇八年末の「派遣切り」以降、説得力を失った。

では、長期雇用者の働き方はどうであろうか。彼ら・彼女たちも安泰ではない。労働者間の競争を煽り、より大きな格差を容認する「成果主義」が安易に導入され、職場にそして一部の人にその歪みが押し付けられている。出入りが激しい職場は混乱状態にあり、「見知らぬ者」どうしが働く職場ではよそよそしい雰囲気が漂う。現場の管理者はこのような状態の職場をとりまとめていかなければならない。かつては、「ボトムアップ」と「トップダウン」の結節点となる現場の管理者の「マネジメント能力」が高く評価されていたが、現在は、従業員を組織に抱える雇用慣行に市場原理に基づく労務施策がずさんな形で接合されて、職場を維持する過重な「負担」が彼らにのしかかっているのである。

現状では、非正規労働者はもちろんのこと、正規労働者の多くも、「プロのビジネスパーソン」として生きるという姿勢からはほど遠いことが理解できたであろう。同一企業で長期間働いてきた人たちの多くは、現状に嫌気をさして辞めることはあっても、自分を高く売ろうとして組織から抜け出るような野心はもっていない。かといって、組織内で是が非でも出世しようとする貪欲さも表だっては出さない。クビを切られないように息を潜め、目の前の混乱状態に関わらないようにし、少しでも体力を温存して精神状態を平衡に保とうとしている。このような正社員が増えているのではなかろうか。

ドラッカーの著書や関連本は、セルフマネジメントをしたり自己実現したりするための本として、経営に無関係な層にも親しまれるようになった。それらの本を参考にして、文字通り「プロ」として働いている人もいるだろう。このような自己啓発本を読んで「元気になる」人も多いのかもしれない。しかし、雇用状況と職場環境は今見た通りである。本人には全くその意図はないだろうが、ドラッカーのセルフマネジメント本やその関連本は、厳しい現実から目を背けさせて、その気にさせた読者を将来の見通しがたてられない状況に導くのである

## おわりに

もはや行きすぎた株主重視の資本主義の限界は、多くの人にとって自明となった。このような状況下でも、ドラッカーの言説は引きあいに出される。

著名な経営学者の加護野忠男氏は、ドラッカー生誕百年にあたる二〇〇九年の年の瀬に、ドラッカーの言葉を振り返りつつ、現在の「投資家指向」の企業統治のあり方を見直すべきだという主旨の見解を紙面で述べている。[*24] もてはやされている「投資家指向」を批判するが、かつて賞賛された「従業員主権」への回帰を求めているわけではない。今度は「顧客創造の原点に戻れ」という。本章の冒頭の「マネジメントとは」のところで触れたように、ドラッカーは、事業の目的を顧客創造と定義した。加護野氏はそれを引

用して、それこそが持続的成長を可能にする源泉であり、新たな企業統治のあり方を模索するヒントになると指摘する。

この小論は、日本でも多くのファンを獲得し、読み継がれてきたドラッカーの著書および彼の関連本の言説を働かせ方に限ってみてきた。時代の変化の中で、いかにドラッカーの議論が「修正」され、日本社会で受け入れられてきたのかを明らかにした。そして、それらの言葉を雇用および労働の実態とつきあわせて、両者の「一致」と「乖離」を示した。

ドラッカーは、労働者を単なる経営資源の一つとしてみるのではなく、その成長可能な側面に注目した。彼が求める働かせ方とは、雇用と賃金を保障し、労働者に作業の分解と改善に「参加」させ、「再統合」した仕事を任せ、労働者から「責任感」と「やる気」を引き出す手法である。ドラッカーの提案は、いわゆる「日本的経営」や「ポスト・フォーディズム」に関する先駆的な議論と位置付けることができる。日本企業が競争優位にあった時代には、経営者層に歓迎され、日本社会で幅広く受け入れられた。

しかし、日本企業の競争力に陰りが見え始めると、あれほどまでに盛り上がりを見せた「日本的経営」の礼賛論は瞬く間に姿を消した。ドラッカーの日本企業に対する積極的な評価も著書の表舞台から消えた。だが、ドラッカーはここで忘れ去られはしなかった。「新しい時代」の到来を予見し、「新しいタイプの労働者」の出現を予想し、「新しい働き方」を提示したのである。

もはや経済全体における肉体労働の重要度は下がり、「知識労働」が企業の競争優位を左右するという。そして、ドラッカーの経営理論は、「働く者を成長させて活用するマネジメント」から「働く者自身が成長し自己実現をはかるセルフマネジメント」へと変わった。こうして、ドラッカーは新自由主義の時代を先取りした働き方を提案し、ドラッカーを信奉する論者たちは自らの読者に新自由主義に適合的な働き方を勧めるのである。

ここに来て、株主重視の経営スタイルに歯止めをかけようとする動きがでてきた。すると、ドラッカーが事業の目的と規定した「顧客第一」を改めて持ち出す論者もいる。もしドラッカーが生きていたら、どのような発言をするであろうか。おそらく、株主の意向ばかりをうかがい、短期的利益に奔走するアングロサクソン型の資本主義を批判したであろう。これは推測にすぎないが、ここでもドラッカーは引きあいに出されるのである。

大づかみではあるが、ドラッカーの言説およびその読まれ方の変遷をたどると、ドラッカーの理論には変わらぬ魅力があることがわかる。理論の根底には、人間の「多面性」への理解がある。利益一辺倒の経済人モデルには基づかない、「人間中心」の経営学である。そこに多くの日本人を長きにわたって魅了してきた最大の理由があるのではないだろうか。彼の経営理論は時代を超えて受け入れられてきた。「株主主権」、「従業員主権」、「顧客第一」と、企業統治の力点は時代によって変わるが、彼の思想の中心は「人間の幸せ」にある点で一貫しており、各ステークホールダーは単純な対立関係にはならない（読まれ方をする）のである。[*25] この適用可能性の広さが、ドラッカー理論の「奥深さ」であり、「普遍性」であると言える。

しかしそれと同時に、まさにその適用性の広さ（読まれ方の変幻自在ぶり）が、働く場や働く人に与えてきた意図せざる結果も見落としてはならない。

ドラッカーの言説は、現実にそぐわない面が大きくなると、早めに修正され、その時々で都合良く一部を取り上げられ、あるいは読み替えられ、そして魅力的な言葉が再び読者を獲得してきた。このことは裏返して言えば、日本経済の雇用状況や日本企業の働く場の「負の側面」をその都度、覆い隠すことにつながり、対立の現象や格差の構造から世間の目を遠ざけてきた。もちろんドラッカーは、格差や差別を肯定していたわけではない。何度も繰り返すが、人間に対して温かい眼差しを持っていた。しかし、彼の理論における最大の問題点は、規範理論と未来学とが結びつき、あるべき姿と実態とがすり替えられ、結果的に、両者の乖離を放置しがちになる点にあると、筆者は考える。初期の頃に、労と使の関係にかなりの紙面を割いた著作もないわけではないが、「自治」と「統合」、「秩序」の維持、そして持続的な発展こそが「産業社会」であるとみなし（『新しい社会と新しい経営』一九五七年）、格差の構造や権力関係には目を向けなかったのである。

ドラッカーが掲げる経営理念を、彼が求めるように「真摯に」実行してきた経営者がいないわけではないだろう。彼から学んだ経営者たちの実践と改善の成果も看過すべきではない。しかし、現実の働く場とは、多様な利害関係者間の協力、せめぎあい、そしてすれ違いの中で形作られているが、往々にして経営理念のグルを信奉する者たちは、そのような現実をみようとはせず、「自分の会社だけは違う」と思い込みがちなのである。

ドラッカーは、実質的に初の著書である『「経済人」の終わり』で、経済至上主義を否定し、新しい秩序の誕生を予見し、それまでの「経済人」にとってかわる新しいタイプの人間の出現をほのめかした。そして、マネジメントに関する代表的著作の中で、企業は社会の一部に奉仕するにすぎず、社会の一員たる市民の一部分をこえて労働者を支配してはならないと、さらりと述べている件がある（『現代の経営（下）』一二七頁）。しかし、日本の雇用と労働の概況は確認した通りである。ドラッカーから学ぼうとするのであれば、もはや時代状況に合わせて都合よく権威をつまみ食いするのではなく、むしろ彼の言うとおりにはならなかった側面にこそ目を向けて、現実の改善に「真摯に」取り組むべきである。

# 第二章　職場における「いじめ」——日産自動車の事例から

## はじめに ——「いじめ」から「ハラスメント」へ

前章は、幅広い読者を持つ論者としてドラッカーを取り上げ、彼の著書および彼の関連本の言葉が雇用状況と働く場の実態から乖離している側面を浮き彫りにした。誤解のないように付言すれば、ドラッカーの議論がすべて間違いだったと言いたいわけではない。日本社会での働き方に関していえば、「日本的経営」が賞賛された時代には、家族主義的雰囲気の中で和気あいあいと働く人はいたであろうし、市場主義化が進む昨今、組織に囚われずに自由な働き方を謳歌している人はいるだろう。筆者はそのような人たちの存在を否定するわけではないが、耳に優しい言葉ばかりがはやり、労使間の対立、労働者間の格差、働く場の葛藤、組織の抑圧や市場の横暴さ、といった「負の側面」が覆い隠されてきたことを問題視するのである。

以下の三つの章では、「いじめ」、「うつ病」、「死」といった厳しいテーマを取り上げ、この問題をさらに追究したいと思う。

いたるところで「ハラスメント」が問題になっている。雇用者と被雇用者、上司と部下、男性と女性、正社員と非正規社員、発注者と受注者、教師と学生、消費者とサービス提供者など、あらゆる人と人との関係で「ハラスメント」が起きている。身体的な危害や面と向かった言葉の暴力だけでなく、精神的な嫌がらせや加害者の姿が見えにくい攻撃が増え、力の強い者から弱い者へだけでなく、同僚どうしや部下から上司へなどあらゆる方向から「ハラスメント」が生じている。私たちは、「ハラスメント」の加害者にならないように言動に気をつけ、被害者にならないように自分で身を守り、「ハラスメント」が起きないように職場で良好な人間関係を築くことを求められている。

ただし、働く場における「いじめ」は今に始まった話ではない。表には出にくい類のものであり、見過ごされることが多いが、形を変えながらも一貫して日本の職場が抱えてきた問題である。[*1]

「信頼」に基づく「協調的」な労使関係や「民主的」な職場運営を誇った時代には、「一体化」を求める組織の内部で酷い「いじめ」が起きていた。そして、経営者が市場原理に基づく「改革」を進め、「成果主義」を浸透させ、現場だけでなく技術部門や事務部門にまで合理化を広げると、職場での協力関係が弱体化し、技能・知識の伝承が難しくなり、個人間の「ハラスメント」が頻発するようになったのである。もちろん職場の「いじめ」や「ハラスメント」は経営合理化だけに起因するわけではない。産業構造の転換に伴う感情労働の増加や、情報通信技術の普及に伴う非対面型のコミュニケーションの拡大により、新しいタイプの「いじめ」が生じるようになったことは容易に想像がつく。しかし、それらが必然的に「いじめ」を深刻化させるわけではない。したがって、「いじめ」や「ハラスメント」の発生と無関係ではない働く場のストレスを高めた要因として、経営合理化を無視することも適切ではないのである。にもかかわらず、昨今の「ハラスメント」は個人間の「トラブル」として矮小化して捉えられる傾向があるのだ。

この小論は、経営合理化の歴史を追いながら、労使間の激しい対立、職場での露骨な「いじめ」、そして複雑化した「ハラスメント」への移行を日産の事例で描きたいと思う。前半で、日産自動車内で二十数年にわたり同じ人たちに対して行われた「いじめ」の実態を詳述する。後半で、九〇年代に入ってようやく「和解」が成立し、「いじめ」が消えた頃から経営者が着手した大規模な合理化の施策をみていき、働く場で「ハラスメント」が頻発するようになった背景を明らかにする。*2

## 1　戦後の労働争議から協調的な労使関係へ

日本は、国民を総動員した第二次大戦を終えると、戦後は一転して連合国軍最高司令官総司令部（GHQ）の意向に基づき民主化政策を進め、その一環として労働組合の結成を法的に認めた。日産では、一九四七（昭和二十二）年四月に労働組合が設立され、翌年三月、会社の枠を超えた産業別組合である全日本自動車産業労働組合（以下、全自と略）が誕生し、日産の労働組合は全自日産分会になった。

全自は、左傾急進の日本労働組合総評議会（労働組合のナショナルセンター。以下、総評と略）所属の中で最も前衛的な組合と評され、その中でも日産分会は激しい「職場闘争」を繰り広げることで有名であった。賃上げに次ぐ賃上げを要求し、就業時間中も比較的自由に組合活動を行った。しかし、経営側はついに「職場規律」を正すべく、就業時間中の組合活動には賃金を払わない「ノーワーク・ノーペイ」の原則を組合側に突きつけた。組合側は、経営側の対応は組合活動の侵害にあたるとして、徹底抗戦の姿勢を示した。両者は全く譲らない。組合側は無期限ストを打ち、会社側はロックアウトを強行し、「日産争議」に突入した。

日産争議は「総資本対総労働の対決」、「労資の天王山」と称され、日経連と総評との対決に発展した。日経連は経済的にも戦術的にも日産経営陣を全面的にバックアップし、圧倒的な力でもって労働者を押さえにかかった。この闘争過程で、分会に対する批判勢力が分会内部から現れ、次第に影響力を持つようになる。これが最終的に決定打となり、日産分会は敗北を喫し、一〇〇日間にも及んだ争議は終息に向かった。一九五三（昭和二十八）年八月三十日に第二組合となる日産自動車労働組合（以下、日産労組）が正式に誕生した。この組合はすぐに社内で多数派となり、協調的な労使関係の一翼を担うようになる。

日産労組・自動車労連[*3]の事実上のリーダーは宮家愈であり、彼の後を継いで長いことトップの座に君臨したのが塩路一郎である。塩路は一九五三（昭和二十八）年四月に日産に入社し、一九五八（昭和三十三）年に日産労組書記長、一九六一（昭和三十六）年に同組合長と順調に役職を上げ、宮家に代わり自動車労連会長に就任した。労使間のトップが「良好な関係」を構築し、日産の労使関係は盤石な「協力体制」を築いた。経営側と日産労組は、労使間の激しい対立の時代を経て、ようやく「信頼に基づく」労使関係にたどり着いたのである。

## 2　自動車の大量生産と労働者の大量採用――組織拡大と労働者統合

労使関係と併行して、雇用管理および労働者管理にも変化がみられた。日本経済は一九六〇年代半ばにいざなぎ景気を迎え、いわゆる3C（カラーテレビ、クーラー、自動車）の耐久消費財が「新・三種の神器」として喧伝され、一般大衆向けの自動車の生産が急増した。一九六六（昭和四十一）年は、のちに「マイカー元年」と呼ばれる年であり、この頃から乗用車が勤労者層に急速に浸透していく。本格的なモータリゼーションの幕開けである。

自動車会社は、生産量の急増に対応するため、一九六〇年代に高卒ブルーカラーの一括採用を始めた。

それ以前は、現場の労働者は、中卒を企業内学校で育て上げる養成工および中途採用の臨時工でまかなわれていた。日産は一九六五（昭和四十）年に、高校新卒者の技能員の採用を開始し、右肩上がりの生産増に備えた。特別な技能を持つ熟練工が運営してきた職場は機械化が進み、普通高校卒の労働者でも担当できる職場へと変貌を遂げた。それと同時に、経営側は、ものづくりに不慣れな新卒社員を現場に適応させるために、教育制度や福利厚生制度を整備したのである。これらが、いわゆる日本的な労務管理と呼ばれる諸制度である。

## 3 「異質な者」に対する「いじめ」――暴力、排除、差別、無視

日産は協調的な労使関係を築き上げ、大量消費に対応できる大量生産体制を整え始めた。プリンス自動車工業（以下、プリンス自工と略）との合併話が浮上したのは、そのような時であった。本格的な市場の自由化に備えるべく、さらなる競争力強化を図るために、一九六六（昭和四十一）年八月一日、両社は合併した。

ところが、両社の合併に際して深刻な問題が発生した。それは組合間問題である。日産の労働組合は全日本労働総同盟（以下、同盟と略）傘下であり、経営側と「協調的な関係」を築いたことは上述した通りであるが、それに対して、プリンス自工の労組は総評全国金属に加盟しており、階級闘争的な組合であった。日産の経営陣からすれば、全自日産分会の「悪夢」が蘇る。経営者はいち早く日産労組、塩路一郎に「対応」を委ねたのである。

合併覚書調印の翌日、一九六五（昭和四十）年六月一日に、「上部組織の違いはあっても同じ状況下に

立たされている労働者として、率直に意見を交換しあうなかから共通の基盤をつくっていこう」という日産労組側の呼びかけによって、両労組執行部間でフォーマルな「交流」の機会がもたれ、その後も数次にわたって話しあいが行われた。しかし、日産労組は、合併に「後ろ向き」な総評全国金属プリンス自動車工業支部（以下、全金プリンスあるいは支部と略）の執行部には交流の基盤がないとして早々に見切りをつけ、インフォーマルな説得にとりかかった。

まずは、上層部に照準を定め、非公式に執行部へ働きかけた。しかし、執行委員長を含む、執行委員の過半数を取り込めないとみるや、その下の中央委員や代議員にターゲットを移した。中央委員は四〇名ほどで構成されており、支部内でかなりの力を持っていた。日産労組・自動車労連の幹部は、彼らを執拗に接待し、二人を除いて「日産労組派」に鞍替えさせることに成功した。

日産労組による取り込み工作は、一般組合員にも及んだ。全金プリンス支部の役員で日産労組派になった人たちは、日産労組の役員と一緒になって「日産学校」なるものを開くようになった。毎週末、駅前の行きつけの店などで「勉強会」を開催した。また、プリンスに友人・知人を持つ日産社員に名簿を提出させ、両労組の組合員の間で連携を取らせた。指揮を執った塩路は当時のことを次のように述懐している。「このルートを通して、徐々にプリンスの職場の様子が解るようになった。さらにこのルートを介して、日産労組の常任と総評全国金属プリンス自動車工業支部の職場委員（中央委員の一部）の接触が図られ、その後の展開に貴重な役割を果たすことになった。すなわち、全国金属批判派が総評及び全国金属の激しい攻撃に晒されるや、両者の組織的な協力が行われるようになり、言わばその共闘の中で育まれた連帯の絆（信頼の人間関係）が、新しいプリンス労組形成の核になるのである*4」。

当初は、全金支部批判は表に出さず、日産労組への「勧誘」にとどまった。しかし次第に、立場を明確にしない人、支部に残ろうとする人に対して、日産労組へ移るようにとの圧力をかけるようになった。組合幹部による「教育」だけでなく、現場監督者からの「指導」も行われた。「当時の上司である係長から就業時間中に、考え方を変えないと君の将来にとって良くないなどと説得を受けた」と、支部に残った労働者はかつてのことを思い返していた。

日産労組派に乗り替える人よりもプリンス支部に残る人の方が多数派であった支部の中央執行委員会は、中央委員会を招集し、「中執総辞職」の意向を表明した。ところが、ほとんどが日産労組派になっていた中央委員はこの提案を拒否し、そのかわりに「中執不信任を審議する臨時大会開催」の緊急動議を提出し、賛成三七、反対二、保留一で可決された。一九六六（昭和四十一）年二月二十三日、中央委員の三分の一以上の者から執行委員長に対し、「執行部代行」なるものを選任するための臨時組合大会開催の決定を目的とする中央委員会の招集請求があった。しかし、同委員長は、このような規約違反の事項を決議するための大会開催は許されない、ひいてはそのような大会開催を決定する中央委員会の召集も許されないとして、中央委員会の召集請求を拒否した。中央委員の有志は委員長の断固たる反対を受けて、私的な会合で「臨時組合大会」の開催を決定した。中執を「解任」し、「執行部代行者」を選出し、その後中央執行委員長ら「新役員」を選出し、さらには「全金脱退」を賛成三七三、反対二で可決した。四月二日、全国金属脱退の全員投票を行い、賛成六五七五票、反対五九五票となり、ここにおいて、支部組合員の多数が第二組合を結成するに至り、名称を「プリンス自動車工業労働組合」（以下、プリンス労組）とした。

かくしてプリンス自工に新しい組合が誕生し、程なくして、日産労組に統合されることになる。しかし、全金脱退を認めない人たちの存在を忘れてはならない。日産の歴史から抹殺された人たちである。一五二名の者たちは全金プリンスに残ることを決意し、「臨時組合大会」なるものの決議および全組合員の投票は無効であると主張した。つまり、プリンス支部は全金から脱退せず、全金および全金東京地本の組合員としての資格を失わず、一五二名に含まれる六名の執行部の地位にも変動はないとして、後に、「日産プリンス部門労組[*5]」などを相手取って裁判を起こした。一九六六（昭和四十一）年四月三日、全金プリンス自工支部組織強化確立準備大会を開き、一五二名の組合員は意思確認を行い、この日以降、プリンス労組と別行動をとる。全金プリンス支部ならびに全金および全金東京地本は共同で同年七月二十二日、日産に対して団体交渉を申し入れた。しかし、日産は同年八月二日これを拒否した。会社は全金プリンス支部を労働組合として認めず、支部組合員の組合費を給料から天引きして、日産プリンス部門労組へ渡していた。支部は団交拒否に対して労働委員会に救済を申し立て、中労委における勝利命令を受け、正式に組合として認められたのである。

ところが、一九六六（昭和四十一）年八月一日に両社が合併すると、程なくして、暴力事件が発生した。日産プリンス部門労組は一九六六（昭和四十一）年九月三十日に臨時大会を開催し、全金支部に残る人たちの「除名」を決定するのだが、その三日前の二十七日、三鷹工場で、支部組合員を標的とした集団暴力事件が勃発した。翌六七（昭和四十二）年の正月気分が残る一月七日、荻窪と村山の工場で暴力事件が続発した。それから約一カ月間、元プリンスの工場で暴力行為が続く。それらは、日産労組と日産プリンス部門労組とが一体となった暴力である。全治一カ月の重傷者が一人、全治三日〜十日の受傷者が八人出た。程度の差はあるが、すべての全金プリンス組合員が暴力被害にあった。昼休みの五分ほど前になると、数十人から多いところでは三〇〇人ほどが一人の支部組合員を取り囲み、思いつく限りの罵詈雑言を浴びせかけた。職場で監禁状態にされ、食事にも行けない。トイレに逃げ込む人もいたが、扉をバンバン叩かれ、言葉攻めにあう。他の職場から応援に駆けつけようにも、各職場で孤立させられた。裁判所に提出した「陳述書」と当時の手記が、想像を絶する酷い「いじめ」の実態を伝える。

「ここはお前たちの居る所ではない、すぐに出て行け」「さっさと会社をやめろ」「なんとか云え」「声も出せねえのか」などと罵声を集団で浴びせ、取り囲んでいる前列の人たちは支部組合員を突き飛ばし、小突き回した。女性も例外ではなく、すべてのプリンス支部組合員が標的にされた。

このような暴力行為に対して、所属長の課長に抗議にいくと、素知らぬ顔をして逃げられた。この事実から、暴力は会社による（暗黙の）了解の下で行われ、「会社ぐるみ」であったことがわかる。後に、会社側は管理者責任を問われ、敗訴する。

継続的な暴力行為はひと月余りでおさまったものの、ここからが全金支部に残った者にとって地獄のような日々であった。職場の人間関係から完全に排除されたのである。誰もしゃべりかけない、挨拶すらしない、笑顔を見せない、職場や会社の懇親会などのイベントには一切、参加させない。仕事も一人作業に変え、物理的に孤立させる。職場内だけでなく、他の職場や取引先との接触も断たせ、電話にも出させない。仕事を完全に取り上げられた者もいた。「村八分」とは、村の掟や秩序を破った者に対する制裁として、村人との交流を絶たせることを意味するが、それでも二分（葬式の世話と火事の消火活動）のつきあいは認められた。しかし日産では、入院した時の見舞いや身内の葬儀への参列もないとして、「村十分」と自ら表現する元支部組合員もいた。このような陰湿な「いじめ」が、一九九三（平成五）年の「全面和解」まで続いたのである。

全金プリンス組合員は、職場で排除されたのに加えて、実利的な差別を受けた。全組合員が、昇進や賃金に関して同期と比べて露骨な格差を付けられ、教育や資格受験の機会を剝奪された。中には、技術職から技能職への職掌転換を命じられた者もいる。設計や開発の技術部門や購買関係の事務部門に属する一一名の全金組合員は、それまでの仕事と何ら関係のない雑用仕事を担当する部署に強制配転させられた。全員が残業や夜勤からも外された。全金プリンス支部の労働者たちは、収入の不足分を補うために、さまざまなアルバイトをして凌いだのである。

## 4　労と労の露骨な対立

この時代の「いじめ」は、敵と味方、加害者と被害者がはっきりと別れていた。そして、労と労との対立という形をとってはいたものの、その背後にある経営側の動きは見えやすかった。支部の労働者たちは、日産労組員から酷い「いじめ」を受けたわけだが、闘うべき相手は多数派の組合と協力関係を築き、直接間接に少数派を差別し排除しようとしてきた経営側であると理解し、労働委員会に差別的処遇に対する救済を申し立て、裁判所で経営陣の管理責任を追及し、それらのほとんどは実質的に勝ちを収めた。法廷闘争を通して全金プリンス支部を組合として認めさせ、差別的な扱いをやめさせたのである。

それにしてもなぜ、支部の人たちはこれほどまでに酷い「いじめ」に、長い期間、耐えることができたのか。当事者に話をうかがうと、そろって「仲間がいたから」と答えた。特段メンタルが弱い人でなくても、罵声を浴びせられ、長期間、職場で孤立させられたならば自信を失っていくものだが、組合には同じ志を持った仲間がいた。会社の外にも応援してくれる仲間がいた。それが大きかったと語っていた。

もう一つに、熟練工としての「腕」があったことが大きいように思われる。当時はすでに機械化が進み、いわゆる職人による手作業は少なくなってはいたが、それでも高い技能が必要とされる作業は随所に存在した。全金プリンス支部に残った労働者の多くは、養成校出身者であり、腕には自信があった。職場の同僚は、所属する組合に違いはあれど、彼らの腕には一定の評価を下していた。管理者は、彼らの腕に見あった処遇を行わなかったが、彼らの存在を蔑ろにすれば、職場は効率的に回っていかないことをわかっていた。先述したように、当初は彼らの存在を無視したり、仕事を取り上げたりした職場もあったが、生産効率を問われる現場管理者からすれば、そこまでして彼らを排除することに意味がない。管理者たちは、日産労組役員という立場からすれば、全金支部の労働者を弱らせることが第一であったが、現場管理者の立場からすれば、生産効率が第一であった。現場管理者であり組合役員でもあった者たちはそれらの間で板挟みにあっていたのであり、全金プリンス支部の労働者たちは、結果的にその矛盾を突く形で、自らの熟練を源泉として「いじめ」をはねのけ、中には職場で存在感を示す人もいたのである。

これほどまでの「いじめ」を受けても、「うつ病」になる人はいなかった。後述するが、現在、職場の合理化が進み、仕事の負担やプレッシャーは労働者の許容範囲を超え、「うつ病」を発症させる人が増えている。筆者は何人かの元組合員に、「そこまでの「いじめ」を受けて、「うつ病」になる人はいなかったのか?」と聞くと、少しばかりの間思案して、「そういう人はいなかった」と口をそろえて答えた。そもそも当時、「うつ病」という概念がなかったために、「うつ病」として認識されなかった可能性はあるが、今の基準から考えても「「うつ病」らしき人はいなかった」とはっきりと答えたのである。当時の暴力の激しさや「いじめ」の陰湿さは、現在の「ハラスメント」の比ではない。しかし、彼ら・彼女たちは、闘う敵が明確であり、闘うための理念があり、熟練工としての腕に自信があり、なによりも一緒に闘う仲間がいた。長期間にわたり過酷な「いじめ」が続いたにもかかわらず、誰一人、「うつ病」にならなかったのは、これらの理由が大きかったのではないかと推察される。

## 5　労使間の「和解」の背後で進行する「改革」

一九九三（平成五）年一月八日、ＪＭＩＵ日産支部[*6]と会社との間で和解協定が調印された。二十数年におよぶ支部に対する「いじめ」は、ようやくなくなった。協定の第一条（基本精神）に、「会社は労働基本権を尊重し、不当労働行為と疑われるような行為は行わない。組合は経営権を尊重し、経営施策に協力する」と明記された。

「和解」により、支部は経営側に労働組合であることを改めて認めさせ、日産労組との組合間差別を是正させ、解決金を得た。その他にも、団交において従来一度も出席しなかった労務担当重役を主要局面で年三回程度出席させることを認めさせた。事務折衝を再開させ、村山工場と荻窪事業所の二カ所に組合事務所を貸与させ、合計六枚の組合掲示板を設置させた。組合員の仕事ランクを是正させ、それにふさわしい職務内容を約束させた。会社合併時に技術員から技能員に職掌変更させられ、そのままであった三名の組合員の職掌を元に戻させた。紛争の全面解決を管理職および従業員に周知徹底させ、職場における人間関係の融和を図らせた。

かくして、ＪＭＩＵ日産支部およびその組合員に対する差別的な扱いはなくなった。しかし、本書が明らかにするもう一つの課題が残っている。市場原理に基づく「改革」とその職場への影響である。

八〇年代後半に、日産の「天皇」と称された塩路一郎が失脚し、日産労組は支部を露骨に虐げることは既になくなっていたが、経営側に対して意見することもなくなっていた。マクロ次元で見ると、東西の冷戦が終わり、イデオロギー対立は「終焉した」と言われた。ミクロの場では、会社側はもはや労使間の対立どころか組合の存在すらなきものとみなし、市場原理に基づく大がかりな「改革」に着手した。「バブル経済」が崩壊して景気が後退すると、組織への労働者統合から組織からの排出へと管理方針を変え、組織自体の再編に取りかかった。所属する組合がどちらであろうと、「リストラ」は不可避であり、会社の存続のためには「痛みを伴う」「改革」は避けられないという考え方を受け入れさせられ、市場に対して個人で対峙し、自分の力で厳しい競争時代を生き抜くように労働者たちは仕向けられた。以下、このような「改革」という名の合理化の流れを、具体的な事実に基づき丹念に追ってみたいと思う。

一九九五（平成七）年一月、賃金体系の抜本的な改革が提案された。かいつまんで説明すると、年齢や勤続年数により自動的に決まる本給の比率を引き下げ、仕事給・成績給の比率を増やし、管理者による査定幅を大きくする。この改定により、「努力ではなく結果（アウトプット）」が重視されるようになった。

柔軟な人員配置は、もともと日本的な雇用慣行の主たる特徴であったが、いっそう大がかりな工場間の異動や、工場から販売への出向が行われだした。一九九四（平成六）年十二月に転籍を前提にした販売会社への出向の公募が始まり、出向先の販売店から戻らない人が多くなった。翌年七月一日付の出向者は全社で二八九九人、転籍者は一九六人に上った。

人員削減は、現場労働者だけでなく、間接部門や管理職にも及んだ。会社は経営再建の中心案として、間接人員の二〇パーセント削減案を打ち出し、その具体策として早期退職を促す「選択定年制」を実施した。一九九五（平成七）年五月からは一年限りという期限付きで、三十歳から五十九歳六カ月までの労働者に対象を拡大して、五十歳で最高のプラス四八カ月分の月収という条件（「自立援助金」という名目）を提示した。日産の将来に見切りをつけた人たちが選択定年制を活用し、合計約三〇〇〇人の労働者が職場を去った。

日産テクニカルセンター（NTC）では一九九五（平成七）年七月から裁量労働制が実施された。定額の手当が支給されるだけで、残業代は一切支払われなくなった。NTCの技術部門では、労働時間の定義そのものが不明確にされ、労働が無限定になった。

日産は、正社員を対象として一年更新の契約制を導入し、さらには一年契約を前提とした中途採用を始めた。NTCは、多くの派遣労働者を活用し始めた。これが現在も続く、「派遣切り裁判」の元凶である。日産村山の組立職場では、一定の範囲のライン作業などを丸ごと請負化する新しい運営方式が採用された。日産は、当時の日経連が目指した労働力流動化の労務政策を率先して実行したのである。

生産減から一転して生産増が見込まれると、職場では人の出入りが激しくなった。村山工場は、追浜工場などに大量の応援者をおくり、逆に栃木工場や関連会社から応援者を受け入れた。消費税引上げ前の駆け込み需要に対しては、毎日一―二時間残業と休出といった厳しい生産体制で対応した。

日産は、激化する市場競争で生き残るためには、組織内の人員をやりくりするだけでは不十分であると判断し、組織そのものの再編に手を付けた。座間の車両生産工場を一九九五（平成七）年に閉鎖し、二五〇〇人の労働者を九州工場・村山工場へ配転し、合計八〇〇〇人の人員削減を行った。座間工場の閉鎖は、大企業による典型的な「リストラ」として全国的に有名になった。そして、このような合理化は、ゴーンが日産に送り込まれると、より大規模化し徹底されるようになるのだ。

## 6　「ゴーン改革」

「ゴーン改革」にかんする紹介は、既に多くの者が行っているので、ここでは概要を述べるに留める。

前節の合理化の経緯から明らかのように、世間的なインパクトとは異なり、ゴーンが来る前から日産は大胆な合理化を進めていたのであり、「ゴーン改革」はその延長線上にある。

日産は、人員の削減、賃金制度改革、雇用の柔軟化、組織のスクラップアンドビルドと、矢継ぎ早に手を打ったものの収益性はあがらず、国内シェアは下降の一途を辿った。一九九一（平成三）年以降、八年間で七度の赤字である。日産は多額の有利子負債（除く販売金融）を抱え、一九九八（平成十）年度末にはおよそ二兆一〇〇〇億円に膨れあがった。当時の塙社長は、販売拡大に依存しない収益体質への転換を図ろうとし、「キャッシュフローを重視した経営に転換するために、事業に関係ない資産は可能な限り売却する」と宣言した。

グローバル市場でもシェアを落とし続けた。一九九一年で六・六パーセントだったのが、一九九八（平成十）年には四・九パーセントと、一・七パーセント減である。同年五月に「グローバル事業革新の概要」を発表し、総原価低減活動により「二〇〇〇年度までに約四〇〇〇億円削減」を目標に掲げた。その後の経営諸施策はこの計画に沿ったものである。

日産は、一九九九（平成十一）年三月二十七日、ルノーと広範囲な提携を調印し、同年十月十八日、日産リバイバルプラン（以下、NRP）を発表した。

具体的な必達目標は、（1）二〇〇〇（平成十二）年度に必ず黒字転換する、（2）二〇〇二（平成十四）年度時点の売上げに対する営業利益率を四・五パーセントにする、（3）二〇〇二（平成十四）年度までに有利子負債を五〇パーセント以下（七〇〇〇億円以下）にする。三年以内に、以上の計画を実行に移し、実現することを目標に掲げた。

二〇〇〇（平成十二）年十月三十日、ゴーン社長がマスコミに対して「リバイバルプランの進捗状況」

を発表した。過去最高の二五〇〇億円の利益をあげ、連結有利子負債を一兆一五〇〇億円まで圧縮し、従業員を八八〇〇人、購買コストを一四二〇億円、部品納入業者を二二パーセント、それぞれ削減した。「再生に向けた地ならしがすんだ段階」と述べ、今後一段とプランを推進する姿勢を示した。

生産現場では、更なる柔軟化が図られた。ゴーンによれば、日産の工場は世界トップレベルの生産性を有しているが、それがそのままコスト効率や全体の効率性につながるわけではない。リーンな（ムダを排した）生産システムにフレキシビリティを加えて、効率性をよりいっそう高めることを、彼は求めたのである。わかりやすく言えば、生産設備を減らして稼働時間を増やすことで、稼働率を上げる。需要の増加に対しては、生産設備の増強ではなく、「年間五〇〇〇時間相当まで稼働時間を増やす事で対応」することにした。そして、浮いた経営資源を他の用途に回して有効活用を図ろうとしたのである。

ゴーンが求める稼働率の向上の「効果」は、数字の上だけでなく、働く場でも確認された。筆者は二〇〇四（平成十六）年に日産の工場で請負社員として働きながら現場を参与観察をしたが、三組交替の四勤二休、毎日二時間残業により、ラインは週七日二四時間フル稼働であった。[*7]

日産を支えてきた下請企業も「整理」した。関連下請数を半減させ、直営ディーラーを削減し、関連事業部を売却し、増強は研究開発のみとする。グループ全体で二万一〇〇〇人（一四パーセント）の人員削減を目標に掲げた。閉鎖された村山工場の従業員は日産の他工場へ配転させられ、約七〇〇名が退社した。

一連の改革の中で筆者がとりわけ注目したい点は、人事制度の改定である。先ほど述べたように、「成果主義」は一九九〇年代半ばには既に導入されていたが、実際の運営では年功的な処遇の傾向が依然として強かった。それが、二〇〇〇（平成十二）年から部課長クラスの人事制度が抜本的に改革され、二〇〇四（平成十六）年から一般層の評価と報酬の制度が大きく変わった。

日産の経営者は、それまでの人事制度を次のように理解した。「一生懸命仕事をしていても、きちんとした評価がなされず満足した報酬が得られなくなると、会社に対する希望が失われモチベーションが下がります。結果として、会社の業績や企業の価値が下がり、ビジョンの実現も遠のくのです。一九八〇年代の後半から九〇年代の日産は、正にこの悪いサイクルに入っていたと言えます[*8]」。日産の経営陣はこのように現状を捉えた上で、新しい人事制度では個人の目標を明確にし、目標と成果とをきちんと対応させて業績を評価し、労働者からやる気を引き出そうとした。基本方針で「成果主義」化を明確に打ち出したのである。

新人事制度の目玉は、この「成果主義」に加えて「キャリアの複線化」である。新しい制度は、キャリアコースを大きく三つに分けた。「総合型プロ（PG）コース」、「専門型プロ（PE）コース」、「テクニシャン型プロ（PT）コース」である。それぞれのコースに役割等級が設定されており、従業員は等級を上げながらキャリアを積み上げていく。各コースの中身については説明を省くが、会社は、これらのコースに分けた意図を、「三つのキャリアコースの創設によって従業員一人ひとりが自分の適性を把握し、自分のキャリアを自分で描きやすくすることと、それを通じて高い意欲をもって自分の強みの強化、専門性の向上をはかることにある」と説明している。

## 7 「労働者」という共通の基盤の崩壊と個人間の「ハラスメント」の頻発

日産は、九〇年代前半から人員を削減し、非正規雇用者を増やし、雇用の「多様化」を進め、「成果主義」を導入し、組織を再編してきた。組織内外の人員の流動性を高め、個人をベースとした働き方を促した。

これらの「改革」は、ゴーンが来る前から行われ、ゴーンによる妥協なき取り組みにより「V字型回復」という形で結実した。大規模な合理化は、労務コストを即座にそして大幅に削減する上でそれなりの効果をあげた。しかし他方で、雇用の不安定化、勤務地や仕事内容の変化、労働時間の大きな変動、賃金の減少をもたらし、労働者は強い不安を抱き、不満を感じるようになった。職場レベルでは、技能や知識の継承が困難になり、構成員どうしの意思疎通が難しくなり、職場秩序が悪化したのである。

労使協調の企業内組合が労働者にとってどのような意味を持ってきたのかは論者により意見がわかれる。「御用組合」であると批判する者もいれば、実質として労働者の利害を満たしてきた面があると評価する者もいる。ここでは企業内組合の評価は控えるが、労使間で交渉されるベースアップは、共通の賃金表に基づく共通の働き方を前提としてきたことには異論はないだろう。しかし、各人により雇用形態が異なり、加えて「成果主義」が浸透すると、働き方は個人主義化を強め、労働者は雇用主や市場と個人単位で相対せざるを得なくなり、「労働者」としての共通の利害の基盤は決定的に弱体化した。労働者たちはバラバラにされ、集団としての労働者の交渉や抵抗の基盤が根こそぎ崩されたのである。もっとも、個人主義的な働き方は、経営側だけが進めようとしたわけではない。働く者の中にも、従来の「日本的雇用慣行」を好まず、個で完結した働き方を好む人たちはいる。しかし、これらの「改革」は、経営側が想定しなかった結果として、また、個人主義的な働き方を好む者の想像が及ばなかった点であるが、交渉や抵抗の基盤を弱体化させただけでなく「協働の基盤」をも脆弱化させ、職場の運営を困難にしているのである。職場構成員間の「信頼関係」を弱め、労働者どうしを敵対化させ、ミクロの場で深刻な「トラブル」を誘発した。

現役の日産の労働者に話をうかがうと、「成果主義」は現場にはむかないという。「現場に成果主義を厳密に適用しちゃうと、チームワークが崩れちゃうじゃん。「俺だけ（よければ）いいんだ」ということになると、痛し痒しだね」。労働者の中にも個人主義ベースの管理制度の問題点を鋭く認識している者はいる。しかし、日常業務に忙殺される労働者の多くは、管理制度という根本的な問題には目を向けずに、目の前に掲げられた厳しい「目標」の達成に追われ、自責の念が強い人は心を病み、自分が受けたプレッシャーを外に向けて転換する人は「ハラスメント」を引き起こしやすい。

経営の合理化は、現場だけでなく、技術部門や事務部門にも広がっている。このことは、「いじめ」の質の変化につながっている。現場労働者に対する「いじめ」は、身体的な暴力や直接的な暴言が多いが、ホワイトカラーに対しては、精神的な苦痛を与えたり、陰湿な嫌がらせをしたりすることが多い。精神的な病が増えていることも、この文脈で説明することができる。[*9]

働く者たちは、市場原理という「客観的なルール」に基づいて競争し、「結果」を出し、勝ち残るようにと煽られている。しかし、働く場では他者との協働がなくなったわけではない。にもかかわらず、個人ベースの結果を強く求められると、労働者たちは「自分の足を引っ張る」同僚に敵意が募る。どこの職場でも労働負荷が高まり、労働者は余裕を失っている。そこかしこで個人間の対立が先鋭化し、「ハラスメント」が起きやすい状態になっているのである。

## おわりに――「ハラスメント」が生じる場から外に目を向ける

日本の職場には昔から「いじめ」が存在した。「いじめ」を見て見ぬふりをし、労働者の人権を軽視する企業文化は根強い。現状では、経営の徹底した合理化が「いじめ」を深刻化させ、「労働者」としての共通の基盤を根底から崩した労務施策が「いじめ」の質を変えている。経営者は、雇用制度の改定により多様なライフスタイルを認め、新しい賃金制度の制定により「個人の努力に応える」として、「改革」の肯定的な面をアピールするが、労務費の総額を削減し、労働負荷を実質的に高め、労働者間のつながりをバラバラにした面を私たちは見落としてはならない。その結果が、「ハラスメント」の多発である。しかし、労働者自身が「ハラスメント」を起こさないように注意を払い、意思疎通を円滑にするようにと命じられる。これらの言葉は、その背後にある合理化には目を向けさせず、ミクロの場の攻防に関心を焦点化させる。つまり、種々の「ハラスメント」は、個人間のトラブルに、そして個々人が解決すべき問題に矮小化させられているわけだ。このような図式は、合理化の結果としての「成果の配分」を巡る衝突にもみられる。

日産に限らず、あらゆる職場で人員が削られ、正規から非正規へと雇用が置き換えられている。正社員からすれば、非正規社員は「使えない」から給与が低いのは当然であり、非正規社員からすれば、正社員は高い給与をもらっているくせに「使えない」。このようにして、正規と非正規の社員の間で軋轢が生じ、衝突が起きることは珍しくない。しかし両者とも冷静になって考えてもらいたい。そもそも人員を削減し、正規を非正規に代える雇用戦略を採ったのは誰なのか。その戦略は、誰にとって「仕方がない」ことなのか。そもそも会社が厳しい状態に追い込まれた責任は誰にあるのか。労使とも同じように責任があるのだとすれば、なぜ働くことに対する報酬は大きく異なるのか。労働者の賃金は下がる一方であるのに対して、なぜ一部の経営者の報酬は高くなっているのか。「ハイリスクハイリターン」の行動に打って出た経営陣には当然の取り分なのか。「痛みを分け合う」と言われるが、それは労働者間にだけ該当するのか。日産の例を引くと、ゴーンは日産から一〇億円弱の報酬を得ていた。その金額の高さに対して批判もあったが、当人は株主総会で「役員報酬に投資しないと、優秀な人材の登用が難しくなり競争力を保てなくなる」と返答した。[*10]日産の「再生」の貢献のうち、ゴーンによる分はどれほどだったのか。合理化のしわ寄せを受けた労働者が一番の貢献者ではなかったのか。合理化により立場の弱い者が真っ先に犠牲になり、経済的・物理的な負担が現場に押しつけられ、しかし合理化の成果の取り分はごく一部の人が決めそしてごく一部の人に偏る。現在も続く市場原理に基づく「改革」およびその成果の配分は、不可避でも客観的なルールに基づくものでもない。[*11]にもかかわらず、労働者はそのように受け入れさせられ、負担を押しつけられ、労働者間で格差を付けられ、大方の人は報酬を減らされ、労働者どうしがいがみあっている。このような現象が、そこかしこでみられるのだ。

どこの職場にも余裕はない。しかし私たちは、同じ職場で働く「目の前の敵」にとらわれるべきではない。働く場を取り巻く社会関係に目を向け、現在の管理構造や経営イデオロギーを相対化し、働く仲間との差異（雇用形態、年齢、性別など）を強調するよりも同じ「労働者」としての共通の利害を見いだし、労働者間で譲れる点は譲りあい、そして力を合わせて働く者の権利を守ることが、今の私たちに求められていることである。[*12]

# 第三章　労働と「うつ病」

## はじめに

現代社会は高ストレス社会である。ストレスに耐えられず、心を病む人が増えている。「うつ病」をはじめとする「精神の病」は、誰もがかかりうる身近な病気になった。

医学や法律の専門家による「うつ病」に関する研究は多数存在する。医学の分野では、「うつ病」の定義・分類から始まり、薬と治療法の開発が進められてきた。遺伝子工学や脳科学からのアプローチも盛んである。労働法の分野では、「うつ病」に絡む事件の判例研究が蓄積されてきた。しかし、労働と「うつ病」との関係を正面から扱った社会学研究はほとんどない。[*1] 階層・職層・職種・年齢・性別などの違いを考慮してそれらの関係を総体的に解明した専門研究は管見の限り存在しない。

雇用環境と労働条件の悪化が、働く者および失業者に強いストレスをかけ、「うつ病」を広めているという一般的な印象はある。安定した雇用と年功序列に基づく賃金とが保障された「日本的経営」から何事にも「自己責任」を求める新自由主義的労務施策にシフトし、誰もが企業内外で厳しい生き残り競争にさらされている。人的資源管理は「多様な人材」の活用を謳うが、実質は個性の尊重の面よりも、労働条件の切り下げと選別の面の方が強い。株主と消費者が資本主義社会の主役となり、株価に敏感な経営と顧客志向の働き方が求められている。経営・経済のグローバル化が加速し、金融市場は二四時間休むことなく開かれ、スピードや俊敏性こそが経営のカギを握り、働く者は常に時間に追い立てられている。「情報革命」により、また経済のサービス化が進んだことにより、知識や感情をフル動員して働かなければならない時代になった。

誰もがストレスを口にする時代である。しかし、従来の日本企業にもストレスを強く感じさせる現象は存在したし、雇用環境の変化が一律に働く人のストレスを高め、「うつ病」を発症させるわけではない。ストレスのかかり方、感じ方は、産業・企業・職層により異なり、個人的特性によっても変わる。ストレス社会の連続性と変容、共通性と多様性を視野に入れて、ストレスフルな労働者の生活を複眼的・立体的に捉えなければならない。そのための手がかりとして、諸統計と関連分野を含む先行研究に目配りしながら、労働にまつわるストレスと「うつ病」を主としたメンタルヘルスの悪化との関係について論点を整理したいと思う。

## 1 「うつ病」の広がり

「うつ病」の広がりは、諸統計から確認することができる。厚生労働省による全国の医療施設への「患者調査（三年ごと）」によると、気分障害（双極性障害、うつ病、気分変調症、その他）の総患者数は、一九九六年で四三・三万人だったのが、調査を重ねるごとに四四・一万、七一・一万、九二・四万人と増え続けた。二〇一一年には九五・八万と若干減少するものの、その後も、一一一・六万、一二七・六万と再び増加傾向にある（二〇二〇年の推計からは新基準に基づく）。「患者調査」は医療機関に受診している患者数を基にしたデータであり、「うつ病」患者の受診率の低さから鑑みて、実数はもっと多いと推測される。

自殺者数は、高度経済成長期以降、緩やかに上昇しながら二万人前後であったが、一九九八年から一〇年間ほど、三万人超の高止まり状態になった。国が本格的に自殺防止対策に乗り出し、二〇二三年現在、二万人超の水準に落ち着いている。自殺の原因・動機は複合的なものであり、特定することは難しいが、警察庁の「自殺統計」によれば、依然として「健康問題」が最も多く、そのうち「うつ病」の比率が高い。

## 2　「企業社会」、「日本的経営」におけるストレス

社会全体で「うつ病」やそれに起因する自殺が増えている。そして、諸データが示すように、働く者のメンタルヘルスは全般的に悪化している。[*2] 後ほど詳しくみていくが、激化した競争で勝ち残るために働きすぎる人、不本意な雇用形態で働く人、そして競争に敗れて職を失った人が、それぞれ強いストレスを感じ、「うつ病」を発症させる人が増加している。

ただし、かつての「企業社会」や「日本的経営」の下で働く人たちにもストレスがかかっていなかったわけではない。現在の働く者をとりまくストレス環境を詳細に分析する前に、「日本的経営」が全盛であった時代の職場のストレスについて簡単に振り返っておこう。

第一章のドラッカーの議論で紹介したように、「日本的経営」とその下で働く労働者の特徴として、組織コミットメントの高さ、競争と協力の両立、合意形成、長期スパンのキャリアアップなどが挙げられてきた。労働者たちは、協調的な労使関係の下で雇用を保障され、同一企業内で階梯を一歩ずつ上りながらキャリアを積み上げていく。それらのシステムから排除された人たちの存在を指摘する議論はあったものの

の、「日本的経営」に内在した人たちに限って言えば、会社組織に忠誠を尽くして熱心に働く労働者像を多くの論者が共有していた。

しかし、当時の日本企業で働く人たちも、ストレスを感じていなかったわけではない。長時間労働と「過労死」は深刻な問題であった。[*3] 労働者たちは、強制と「自発」とがない交ぜになった状態で時間外労働に励み、中には働き過ぎて死に至る者もいた。労働時間の長さだけでなく、労働密度の高さも見落としてはならない点である。トヨタ生産システム（以下、ＴＰＳ）の下の労働は、トヨタに関しては「乾いた雑巾を絞る」と表現されるほどにきつく、他の導入先でも極限まで密度が高められた。[*4] 工程間の緩衝役を果たす中間在庫が削り取られ、加えて可視化された職場環境で働く者には、「職場の規律」を守り、「自発的」にカイゼンを行い、他の労働者を「手助けする」ように促す圧力（「ストレスによる管理」）が強くのしかかった。[*5]

「いじめ」も存在した。「いじめ」に関する研究は子どもに限定され、職場研究はほとんどなかったが、前章で具体例を紹介したように、大人の世界にも「いじめ」がなかったわけではない。あそこまで酷い例ではなくても、同調圧力の下で、「異質な者」が仲間はずれにされたり、長期にわたる出世競争の過程で足を引っ張りあったりすることは普通にみられた。

新しい技術の登場と失業という古典的な問題も存在した。「ＭＥ革命」は、熟練工を完全に駆逐したわけではないにせよ、従来ほどには必要としなくなった。[*6] この技術革新は、マクロレベルでは新しい働き口を創出し、失業を「相殺」するとして、楽観的に受けとめられた。新しい生産技術に適応するための再教育の必要性を説く研究はあったものの、ミクロレベルの深刻な問題は看過された。つまり、「ＭＥ革命」は不可避であり、どのように受け入れるかという点に関心が寄せられ、個々人が抱える心の問題にまでは想像力が及ばなかったのである。しかし、長年かけて腕を磨いた職を奪われ、働く仲間を失った職人たちは、相当なストレスを感じていたものと想像される。

これらのストレスを伴う管理、職場慣行、技術革新が「うつ病」を発症させたのかどうかは再検証すべき課題として残されるが、日本の労働者の「満足度」がおしなべて低かった事実[*7]からも想像がつくように、誰もが文字通り自発的に働いていたわけではないことは確かである。格差や差別が社会構造に組み込まれ、労働者およびその家族は「企業社会」に包摂され、可視化された職場では互いに監視しあい、不満やストレスをも制度や組織の内側に抱え込んだ時代であったのだ。現在の労働社会は、以下に見るようにこのような社会構造や労務施策を基盤に持ちながらも、一方で、人員削減により職場を追われる人が増加し、経済的・社会的に不遇を託（かこ）つ者がより強いストレスを感じるようになり、他方で、組織に残った者も、より少ない人員でこなさなければならない業務の多さに耐えきれず、また「成果主義」などの新しい管理制度の導入に対応しきれずに、メンタルな病気を発症する人が増えているのである。

## 3　ストレス要因の多様化

### (1) 雇用不安と「うつ病」

働くことに関する最も深刻なストレス要因は失業である。

日本の完全失業率は、高度経済成長期から九〇年代前半までは、二パーセント前後で推移していたが、九〇年代後半から二〇一〇年くらいにかけて、四～五パーセント前後と高くなった。その後、低下傾向にあり、二〇二三年の平均は二・六パーセントであるが、失業率は下がっても、雇用の非正規比率は高止まりし、平均賃金は上がらない。周知のように、バブル経済崩壊以降、三〇年間でほとんど変わらない。また、ここで言う失業率には、求職活動をしているが職をもてない人だけが反映され、就職を諦めた人は含まれない。実際の比率はもっと高いであろう。

「長期雇用」が慣行として定着している大企業が人件費削減のために真っ先に行ったことは、非正規社員の雇用契約を更新しないことであり、その次に、正社員の新規採用を控えることであった。その結果、若者の雇用環境が悪化し、世代間格差が大きくなった。これが、「既得権」が守られている年配層を批判する議論、若者を擁護する議論、逆に若者を怠惰として批判する議論など、「若者論」や「世代論」が噴出した背景である。[*8]

しかし二十一世紀に入ると、在職者の大がかりな雇用調整が始まる。中小企業は倒産（負債総額）が増加し、否が応でも解雇せざるを得ない企業が増えた。大企業も例外ではない。「二〇〇〇年一二月からの景気後退過程では、それまでの様相とは異なり、離職率の上昇がみられ、特に、五〇〇人以上の大規模事業所での上昇率が大きかった[*9]」。いきなりクビを切るわけではなく、前章の日産の事例のように、早期退職優遇制度などを用いて自主退職を促す。それでも不十分であれば、退職勧奨、指名解雇と段階を踏む。中高年層も人件費削減のターゲットになったのである。

職を失った者は経済的のみならず、精神的にも不安定になる。将来の見通しが立たず、社会との紐帯が弱まり、アイデンティティが揺らぎ、自己評価が低くなるからである。労働市場の流動化が進んでいる米国でもそうであり、[*10]好条件の中途採用が少ない日本ではなおのことである。とりわけ中高年層にとって、再雇用の労働条件は厳しい。

二〇二二年の自殺者の男女比は、男性が六七・四パーセントと、女性の二倍以上高い。男性自殺者数の推移をみると、戦後に三つの山があり、その山を年齢階級別に分析すると若年層から高年層へとシフトしてきた。三つ目の山は、四十五歳～六十四歳の男性の自殺増加によるところが大きい。自殺者の約半数を無職者が占め、うち「失業者」は二三四一人であった。自殺理由は、「健康問題」が最も多く、なかでも「うつ病」が六九四九人と上昇傾向にある。[*11]

## (2) 階層や格差とメンタルヘルス

職に就いている人の中にも低所得者たちが増えている。総務省の「労働力調査」(二〇一三年)によると、全雇用者のうち非正規雇用者の割合は約四割である。そして、雇用形態の違いはメンタルヘルスと無関係ではない。

二〇〇七年に一万七一七八名の男女を対象として、社会階層(雇用形態と企業規模)とメンタルヘルスとの関係の把握を目的として行った大規模調査によれば、正社員よりも非正規社員の方が、男性はパート社員が、女性は契約社員が強いストレスを感じている。[*12] 男性は家計の「主たる生計維持者」という社会的意識が依然として強い。それにもかかわらずパート社員として働くことに抵抗を感じる男性が多いのではないだろうか。女性は、「家計補助者」としてパート社員で働く場合には、男性ほどにはストレスを感じていないが、「主たる生計維持者」として契約社員の立場で働く場合は、ストレスを強く感じていると推察される。正社員と非正規社員とでは、ストレスを感じる対象が異なる。前者は労働時間の長さや人間関係に、後者は経済的条件や労働の質にストレスを感じる傾向がある。

同じ正社員の中でも、階層や職種によりメンタルヘルスに違いがある。管理者と労働組合員、研究職と製造組立職との比較でメンタルヘルスの実態を調査した報告書によれば、職場領域(「仕事の適応感」、「上司との関係」、「同僚との関係」、「帰属意識」、「負担感のなさ」など)と精神領域(「前うつ(まじめ）」、「抑うつ」、「不安感」、「社会的無責任」など）のすべての項目で、管理者と研究職がそれぞれ労働組合員と製造組立職よりも肯定的に答えている。[*13] 大企業の管理職や専門職の人は自分の仕事をコントロールできる余地が相対的に大きいため、[*14] ストレスを感じにくいのかもしれない。男性管理者の方が現場労働者よりも病欠が少ない。[*15] 現場の方が危険な作業が多い、管理者の方が休みにくい、「健康」な人が管理職にまでのぼりつめる、といった可能性もなくはないが、管理職になった後に精神状態が上向きになっているという調査結果もある。[*16]

ただし、雇用形態と同様、階層により主たるストレス要因が異なる。「うつ病」に関する代表的なジョブ・ストレスモデルとして、仕事の要求度－裁量度モデル（Job Demand Control）と努力－報酬不均衡モデル（Effort Reward Imbalance）とがあり、階層によりどちらのモデルが該当するかが異なる。[*17] 間接部門は仕事と収入のアンバランスや失業の危機に、直接部門は仕事の要求の多さと作業をコントロールする力の弱さに不満を感じており、それぞれが抑うつ症状と関係がある。[*18]

男女間の比較はどうであろうか。食品会社の職場内の運営実態を調査した研究によると、女性の方が、非正規比率が高く、与えられる権限が小さく、上司からのサポートが少ないと感じている。[*19] ただし、直接部門に多く配置される女性よりも、間接業務を担う男性の方がストレスを感じているという調査結果もある。[*20] その事例では、間接部門が失業の危機に瀕しているため、男性がストレスを強く感じているようだ。ストレスの強弱は単純な男女差として表れるのではなく、仕事内容、役職、報酬、部門を取り巻く雇用環境など、複数の要因に左右されることがわかる。

企業規模とメンタルヘルスとの関係はどうだろうか。大企業に比べて中小規模の企業で働く人の方が、抑うつ症状がみられる。[*21] 大企業のコスト削減目標が下請企業に押しつけられ、企業規模による賃金格差が拡大している事実からも、企業規模による違いは想像がつく。ただし、企業規模とメンタルヘルスとの関係は、言われているほどには自明でないという指摘もある。[*22] ここでは細かな分析は控えるが、階層とストレスの強さやメンタルヘルスとの関係を把握する上で注意すべき点を簡潔に整理する。

一つに、階層が低いほど、労働条件が悪いほど、男性よりも女性の方が、働くことに関してストレスを感じている。いくつかの調査結果からこの事実を確認することができる。ただし、以下の節でみるように、経営合理化があらゆる層に広がっており、単純に、ピラミッド構造の「上」から「下」に行くに従いメンタルヘルスが悪化しているわけではない。また、ストレス要因は多様化しており、階層や職種によってストレス要因が異なる点にも留意が必要である。二つに、量的調査の結果は、あくまで相関関係を示すにすぎず、因果関係は定かではない。ストレスの原因は複数の要素の複合体であり、ストレスとメンタルヘルスとの因果関係を解明するには、職場の内側に入り、それらの関係を丹念に読み解く質的調査が必要となる。三つに、強いストレスを感じる理由は、職場環境や労働条件の〝恒常的な劣悪さ〟によることもあれば、一時点の〝急激な変化〟によることもある。どちらの理由であるかを判断するには、職場環境とストレスとの関係の通時的変化を把握する調査が欠かせない。

### (3) 組織の「中核層」にかかるストレス

安定した雇用と相対的に高い賃金を保障された、企業社会の「中核層」にかかるストレスはどうであろうか。年間総実労働時間（厚生労働省「毎月勤労統計調査」）は全般的に減少傾向にある中で、週に「三五時間未満」働く層と「六〇時間以上」働く層が拡大しており、労働時間の「二極化」現象がみられる。働きたくても働けない人が増えている一方で、働きすぎる人が一定数存在する。とりわけ三十代男性は働き過ぎの傾向がある。週に「六〇時間以上」働く人の割合が二〇パーセント程度を占める。[23]

人員削減は、その対象になった人たちにだけでなく、組織に残った人たちにもストレスをかける。「リストラ」と職場のストレスとの関係を調査（一九九八年一月～二月）した最初期の研究によれば、「リストラ（計画）」の有無と「職場環境のストレス度」との関係は、統計上、有意差があり、「リストラ（計画）」先では「指揮命令系統がはっきりしていないなど、コミュニケーション不全が起こっていたり、仕事を与えられなかったり、逆に与えられた仕事があまりにも難しかったり、いじめ行為やセクハラなどが顕著であることがわかった[24]」。

「改革」のために多くの会社が導入した「成果主義」的人事制度は職場にどのような影響を与えたのか。結論から先に言うと、「成果主義」そのものがストレスになるわけでも、満足度を高めるわけでもない。[25]「成果主義」の導入に際して重要な点は、職場構成員が感じる「公正さ[26]」や「納得性[27]」であり、それらを労働者から調達することができれば、「成果主義」の導入による職場の混乱は避けられ、やる気を高めることもあるが、逆に、導入が拙速であったり、評価の恣意性が感じられたりすれば、やる気を削ぐことになる。したがって、検証すべきは、制度そのものよりも、職場レベルの導入・運営の実態である。

「成果主義」の導入先を調査した研究によると、「（巷で言われているように）成果主義的人事施策そのものが〝悪玉〟なのではなく、そうした制度を導入することによって生じる組織の変化が、業務への深刻な阻害行動や言語的嫌がらせといった悪い効果をもたらしていると解釈できる[28]」。

では、職場の変化とは具体的にどのようなものか。前章でも言及したが、「成果主義」の導入により、一方で、個別管理が組合による集団的な交渉力を弱体化させ、経営側の個々人に対する管理統制力をより強固なものにした。しかし他方で、労働者の個人主義化が進み、従来のチーム単位の運営と矛盾する側面が出てきた。日本企業は、職務と責任の範囲に曖昧さがあり、密なコミュニケーション、情報の共有、「すりあわせ」、「助け合い」、職場教育などを通して「強い現場」を作ってきたと言われる。ところが、「成果主義」の理念が浸透し、個人主義化が強まる中で、明らかに、「組織コミットメント」や同僚との「一体感」が弱まり、それらの「強み」は弱体化している。[*29]

職場には余裕がなく、構成員には同僚を助ける余力がなく、それを評価する土壌も失われつつある。とはいえ、先ほど挙げた職場の「強み」を完全に放棄すれば、職場は回っていかない。では、誰が負担するのか。それは、かつては報われた「まじめな人」、「いい人」である。几帳面で責任感が強い人が、評価されにくくなった負担を引き受け、仕事を抱え込み、心を病みやすい。[*30] 仕事の範囲と責任の所在が不明確なほど、労働時間が長いという調査結果もある。[*31]

「成果主義」の成否にとって、経営方針の明確化、他の制度との整合性、職場の風土などが重要である。[*32] つまり、その他の制度や職場文化と「成果主義」が整合的であり、互いに補完的になるように「人的資源管理」を総合的に整備し直すことが必要であるが、「成果主義」を賃金制度に限って導入すれば、制度間の矛盾や齟齬が現場に押しつけられ、働く者のストレスが高まるのである。[*33]

組織構造上で言えば、上下の「接続部」に位置する人に強いストレスがかかっている。「多様化」した労働者をとりまとめるには、強い管理力が必要である。にもかかわらず、組織がフラット化し、管理者数が減らされたために、そこに過重な負担がかかり、「うつ病」が発症しやすい。ここに、「三〇代のうつ」が注目される一因がある。[*34] 社会経済生産性本部メンタル・ヘルス研究所が実施したアンケート調査によれば、「心の病はどの年齢層で最も多いか」という質問に対して、「三〇代」と答えた企業が最も多かった。二〇〇四年にほぼ半数が、二〇〇六年には六一パーセントがそう答えている。

ただし、三十代が「うつ病」にかかりやすいのは、組織の結節点に位置するからだけではない。下の世代は雇用を抑制されているために、下級管理者であっても平社員の仕事を受け持たざるを得えず、反対に、上の世代は層が厚いため、自分たちが出世できる見込みは低い。かといって、気軽には転職できない歳になっている。新しい所帯を持つ人が多い世代でもある。このような「狭間の世代」の人たちが、過重な負担を抱え込んでいるのである。[*35]

では、「成果主義」の洗礼を受けた世代といえる二十代の社員たちは、ストレスを感じにくいのか。一時期、盛り上がりを見せた「成果主義」は、その宣伝の派手さとは裏腹に、大胆に適用されたのは課長・部長クラス以上である。[*36] 従業員間で差が付きにくい「末端」レベルでは、とりわけ新人の目には、「年功序列」が維持されていると映る。「成果主義」に限らないが、「新しい働き方」の理念を素直に信じた新入社員は、従来どおりの職場慣行を非合理的とみなし、不満を持ちやすい。[*37] 一つの会社に縛られない働き方を勧められた若い世代の人たちは、旧来の「日本的経営」に対して否定的である。[*38] ところが、雇用不安が続く中、長期雇用や年功賃金制度を望む新入社員が増えている。[*39] 時代の変化ははやい。国、大学、就職産業、企業をあげての「若者支援」が、若者を振り回している観がある。

「うつ病」は、仕事量が許容範囲を超えた時に、そして仕事を自己管理し、職場を自分の居場所として捉え、将来のキャリアを見据えている感覚（feelings of mastery）が乏しくなることにより発症しやすくなる。安定した雇用を享受してきた大企業の正社員もそのことと無関係ではない。事業譲渡・会社分割・合併などにより、突如として「勤め先」が変わることが珍しくなくなった。社員にとっての問題は、社名が変わることだけではない。会社との「心理的契約」が裏切られ、新しい企業文化に馴染めず、自分のキャリアが他律的に決められたような無力感を抱くことであり、大企業の正社員であっても「うつ病」を発症させることがある。見方を換えれば、自己管理欲求が強いにもかかわらずコントロールしきれない人がストレスを強く感じやすいのであり、企業・職場・働くことに対して「適度な距離」をとることができる人は、受け手の側から幾分かはストレスを緩和することができる。働くことに関する「うつ病」の問題を考える上で、広義のコントロールという概念は重要である。

### （4）同僚からの圧力

職場にかけられる経営合理化圧力は、社員と会社や上司との間に緊張を生むだけでなく、同僚どうしの牽制に転換されることが多い。

昨今は、上司から成績を問われるだけでなく、三六〇度評価、フィードバック制度、人事アセスメントなどを通して、同僚や部下からも評価されるようになった。それらの多面的な評価により、一方で、職場が上司によって専横的に運営されるのではなく、民主的に回っていく可能性が生まれたが、他方で、労働者は常に他者の眼差しを意識させられ、全方位的なプレッシャーを受けることになる。現状では、職場から人員を減らされ、結果を個人単位で強く求められ、誰もが物理的・精神的な余裕を失い、周りの者に寛容でなくなっている。「できの悪い者」、「気にくわない者」、「何となくむかつく者」が不満の原因となり、不満のはけ口になることも珍しくない。多面的な評価制度は、残念ながら、前者よりも後者の形で機能しやすい状況に置かれているのである。

### （5）「消費者」からの圧力

働く者にとってのストレス要因は、組織内に限定されない。消費者からの要求も強いストレスになっている。

資本主義社会は、膨張する消費欲求により牽引されてきた。市場主義化が進むにつれて消費者志向がいっそう強まり、消費者の要求は膨らみ続けている。際限のない消費者の欲望が直接、働く者にかかると、耐え難いストレスとなり、「うつ病」にまで追い込まれるケースがでてくる。

容易に想像がつくように、ノルマのある営業やサービス業で働く労働者はストレスを強く感じているが、[*40]「お客様」の要望に応えることをさほど意識してこなかった業界や職種でも、この点が深刻になっている。厚生労働省は五年おきに「仕事や職業生活での強い不安、悩み、ストレスの有無」を職種別に調べている（「労働者健康状況調査」）。その調査結果によると、二〇〇七年に「有り」と答えた比率が最も高かったのは「専門・技術・研究職」である。従来、市場動向や目標管理から相対的に自由であった職種や業界でとりわけストレスを感じていると考えられる。わかりやすい例が「先生」であろう。患者や生徒・学生が先生の「ご高説」をありがたがる時代ではなくなった。専門職として地位の高い医者（勤務医）の激務が知られるようになり、過労死する者も現れた。[*41]「うつ病」を主とした「精神疾患」により休職する教員の数が年々増加している。全国の公立小中学校、高等学校、中等教育学校、特別支援学校における休職者の総計は、二〇〇九年度、五四五八人にのぼり、十七年連続で増えている（文科省調べ）。

ただし、それぞれの職場内には権限関係や分業関係が存在し、他の労働者との関係も見落としてはならない。医者との関係で弱い立場に置かれる看護師のバーンアウト（燃え尽き）や心の病は知られるようになったが、[*42]リハビリの現場で働く療法士は取り上げられることすらほとんどない。医者の指示に従いながら患者と身近に接する労働者（感情労働者）は、強いストレスを感じる毎日である。[*43]教員の世界では、「希望降任」する管理職数が増加傾向にある。二〇〇九年度は二二三人であり、そのうち半数近くは「健康上の問題」による（文科省調べ）。教育の分野では、子どもや親と直に接する現場の教員だけでなく、教育委員会と現場の教員との間で板挟みにあう管理者もストレスを抱えやすい。

ただし、「消費者」の要求を受ける側は、圧力を一心に受けとめているわけではない。理不尽な要求を強いる「消費者」を「クレーマー」とラベリングしたり、「モンスターペアレント」、「モンスターペイシェント」と呼んだりして、「消費者」の異常さを世に訴え、自分たちの身を守ろうとする。「カスタマーハラスメント」という言葉も世間に根づいてきた。しかし、生産者に対する「消費者」の相対的優位性は、簡単に覆せるものではない。なぜなら、そのイデオロギーは、販売制度、物流システム、決済方法、ＩＣＴといった技術的な基盤に組み込まれており、労働者および「消費者」は、消費者志向を支える強固な社会システムから容易には逃れられないからである。いまや「消費者」は、パソコンやスマートフォンの画面をみて商品を選び、クリックをするだけで、大方の商品を希望場所まで運んでもらえる。配達時間を指定し、運搬中のおおよその現在地まで確認することができる。

運送業の運転手は、まさに「消費者本位」の社会システムを流通部門の最前線で支える人たちである。数年前に、トラック運転手の飲酒が社会問題としてクローズアップされた。高速道路のサービスエリアで飲酒をする行為が批判を浴びたのである。法定速度の遵守と到着時間の厳守の板挟みにあっている運転手は、家で休む時間をとれず、サービスエリアで仮眠をとるために酒の力を借りていた。むろん、いかなる理由であれ、飲酒運転は絶対に許されない。しかし、遵法意識の低下を嘆くだけで解決される問題ではないのだ。

「消費者」側からすれば、商品の到着が少しでも配達予定時間に遅れたり、商品に些細な不具合が見つかったりするだけで、ストレスを強く感じるようになった。労働者だけでなく「消費者」も、ＪＩＴ（必要なモノを必要な時に必要なだけ）とＴＱＭ（総合的品質管理）のシステムに組み込まれている。「消費者」の間に「ごね得」という風潮が生まれたり、サポートセンターがストレス発散の場になったりすることもある。他方で、サポートセンターで働く労働者たちは、出入りの激しい非正規雇用者が多数を占め、めまぐるしく変わる商品知識を十分には持ちあわせていないことがある。「消費者」の細かな要望や苦情に対処できず、かえって「消費者」の不満を高めてしまうこともある。

私たちは、「うつ病」に苦しむ職種や業種として、マスメディアが取り上げる人だけに目がいきやすい。しかし、社会全般で競争が煽られ、コスト意識が高まり、消費者志向が強まり、民間企業・公務員ともに余裕がなくなっているという認識をまず持つことが必要である。特定の層が優遇されているとして攻撃することは慎むべきであり、逆に一部の層だけを「弱者」や「被害者」として強調すれば、その陰に隠れてしまう人たちの存在を見落としてしまう。その全般的な傾向の下で、どの層に相対的に強いストレスがかかり、いかなる問題が表面化しているのかという細かな検証が欠かせない。業界や職種の特性、階層構造、職場の力学などを視野に入れて、「うつ病」の発症の「分布」を丁寧に読み解かなければ、過度なストレスや「うつ病」に対する社会的対応の仕方を間違えることにもなる。

## 4　職場から追いやられる「うつ病」

前節は、組織から追われた者と組織に残った者へのストレスと「うつ病」に関する調査を整理した。まずは組織から退出を迫られた者に強いストレスがかかり、それから少ない人員で運営しなければならない職場でストレスが高まっている。職場環境の変化と劣悪さが労働者に強いストレスをかけていることは確実であり、「うつ病」を広範囲に発症させていることはほぼ間違いない。しかし、「精神の病」という特徴上、その因果関係を特定することは難しい。それ故に、「うつ病」を巡る経営者や管理者と労働者との闘いは、その主たる原因である職場環境をいかに改善するかという方向には向かわず、そもそも病気およびその原因を認定するかどうかという次元にとどまるのである。

## （1）作り出される「うつ病」

国際的に用いられている「うつ病」の診断基準は、ＤＳＭ―Ⅳ―ＴＲ（Diagnostic and Statistical Manual of Mental Disorders, 4th Edition, Text Revision『精神疾患の診断・統計マニュアル』医学書院、二〇〇二年）である。主症状は、①抑うつ気分、②興味・喜びの喪失、の二つであり、副症状は、③食欲の障害、④睡眠障害、⑤精神運動の障害、⑥疲れやすさ・気力の減退、⑦無価値感・罪責感、⑧思考力や集中力の低下、⑨死についての考え、の七つである。それらのうち五つ以上の症状（主症状を必ず一つ含む）が二週間以上続き、社会的な機能を果たせなくなったり、大きな苦痛を感じたりすると、大うつ病性障害（「うつ病」）と診断される。*44

この操作的診断方法はアメリカ発のグローバルスタンダードである。定義が明確であり、誰でも同じ診断を下せるという点でメリットがある。しかしその反面で、診断が画一的になり、「うつ病」が「大衆化」することの懸念が専門家の中からも表明されている。*45 上の条件を満たす症状を申告さえすれば、誰もが「うつ病」と診断される。「うつ病」とは、かつては入院が必要なほどに重篤な病気とみなされていたが、「うつ（病）」が安易に広まっている印象は否めない。

精神科医の冨高辰一郎は、「うつ病」が急増した原因を、ＳＳＲＩという利益率の高い薬の開発・販売および「うつ病」に対する大々的な「啓蒙活動」から説明する。[*46] 製薬会社が学会、広告代理店、マスメディア、公的機関を巻き込み、自殺防止の一大キャンペーンを張り、「うつは病気であり、うつ病は薬で治る」というメッセージを社会に浸透させた。「うつ病」に対する理解と「うつ病」の自覚を促し、病院に行くハードルを低くし、「うつ病」は薬により治るという観念を広めた。ＳＳＲＩという薬の導入後、日本だけでなく世界規模で、「うつ病」患者が一〇年間で数倍に増えたのである。ＳＳＲＩの効能に疑問を呈する論文も存在するが、製薬会社にとって都合の悪い調査結果は表に出てきにくい。

こうしてみると、「うつ病」の急増は、一方で雇用環境や労働条件の悪化という客観的な状況によるものだが、他方で作り出された面があることがわかる。むろん、「うつ病」に対する理解が世間的に広まることで、「精神病」に対する差別や偏見[*47]が弱まり、病気で苦しんでいる人が病院に行きやすくなるという肯定的な面はある。「うつ病」に関する「啓蒙活動」は一概には否定できない。しかし、「うつ病」の扱いが軽くなり、「うつ病」（と自己申告する人）に対して疑いの眼差しを向ける傾向がでてきたのである。[*48] とりわけ「新型うつ病」が広まるにつれて、「うつ（病）」全般を「怠け」として捉える風潮が強まっている。

### （2）新型の「うつ病」と「問題社員」

「新型うつ病」の症状を具体的に挙げると、「こだわりがあり、負けず嫌いで、自己中心的に見える」、「自分の好きな活動の時は元気になる」が「仕事や勉学になると調子が悪くなる」、「「うつ」で休むことにあまり抵抗がなく、逆に利用する傾向がある」、「疲労感や不調感を訴えることが多い」、「自責感が乏しく他罰的で、会社（学校）や上司・同僚（教師・友人）のせいにしがちである」、「不安障害を合併することが多い」などである。*49

経営者や管理者からすれば、このような労働者は単なる「怠け者」である。経営者たちは、「扱いづらい労働者」を律するために、「モンスター社員」、「問題社員」などと新たなラベリングを行うようになった。確かに、自己中心的な「俺様社員」は、経営者や管理者だけでなく、同僚からみても、職場を引っかき回す「はた迷惑」な人である。しかし問題は、そのような人たちを一律に「モンスター社員」などと名付けて排除しようとすれば、その中に「うつ病」で苦しむ社員がいても、見落としてしまうことである。「うつ病」の社員は、こうして新しい負の烙印を押されることになる。

### (3)「リスクマネジメント」の対象

ただし、時代の流れとして、雇う側は従業員の「うつ病」やそれに起因する過労自殺の責任から逃れれなくなった。過労自殺の企業責任が初めて認められた「電通事件」をきっかけとして、厚生労働省は過労自殺の労災認定基準を設けた。その後、企業責任を追及したり、過労自殺に関する業務（公務）外認定処分の取り消しを求めたりする裁判がいくつか起こされた。それらに共通する主たる争点は、「うつ病」の業務（公務）起因性であり、会社側の安全配慮義務ないし注意義務を怠った過失の有無である。*50

このような社会情勢の変化を受けて、会社側は「うつ病」の責任を問われることに敏感になっている。従業員に健康状況を申告させたり、タイムカードなどを導入して労働者の勤務状況を綿密に把握したりするようになった。そして、就業規則の細部を見直し、「しかるべき手続き」を踏んで「うつ病」に罹った社員を解雇する。「うつ病」の従業員を「自発的」に退社させる会社もある。日本社会では、法律と判例上、簡単には正社員を解雇できない。しかも、会社都合で解雇すると、国からの補助金をもらえなくなるなどの不利益があり、また就業規則上、自己都合退社に比べて優遇するのが通例である。そこで「自発的」に退社するように追い込む会社がでてくるのである。労働関連の法令に基づいて「問題社員」をトラブルなく辞めさせる方法を紹介する本が増えている。*[51] ある本は次のように経営者に訴えかける。「社員に気持ちよく辞めてもらうまではいかないにせよ、トラブルなく辞めてもらえるような方法を一緒に考えていきましょう*[52]」。

経営側は、「問題社員」を手抜かりなく辞めさせて訴えられないことに、そして訴えられても負けないように神経を使う。*[53] むろん、すべての企業が「うつ病」の社員を邪険に扱っているわけではない。復職のためのサポートに積極的な会社も存在する。*[54] しかし現状では、カウンセラーを雇ったり復職支援の専門の部署を設けたりしている会社は限られており、「うつ病」の労働者にケアを施す会社も事後的な対応にとどまり、その原因となる職場環境の改善には消極的である。

メンタルヘルスに関する「リスクマネジメント」の主戦場は採用局面である。繰り返すが、日本社会では、正社員として雇用したら簡単には解雇できない。したがって、水際で「問題社員（予備軍）」の進入を防ぐことに多大なエネルギーが注がれる。それが「圧迫面接」につながるのだ。この用語は、ストレス耐性やストレスへの対処能力をみるという理由を付けては、応募者に対する人権侵害を正当化している面がある。

### （4）「自主退職」と「引きこもり」

会社はストレス耐性の強い人を採用し、「問題社員」を手抜かりなく退社に追い込む。しかし、クビを切られた人たちは、皆が納得しているわけではない。個別労働紛争相談件数は増加傾向にある。二〇〇九年度、東京労働局に二万九〇〇七件の相談が寄せられた。相談内容は、「解雇」二八・九パーセント、「労働条件の引き下げ」一四・一パーセント、「いじめ・嫌がらせ」一三・一パーセント、「退職勧奨」一二・五パーセントである。

しかし、仮に解雇撤回を求めて、裁判所に訴えて勝訴したり、労働審判に申請して会社と和解に達したりしても、「うつ病」に苦しむ患者は元の会社に復帰することは事実上困難である。再発の恐怖が強いからだ。そして、「うつ病」が原因で職場から離れた人は、離職期間が長くなればなるほど職場復帰や会社勤めが難しくなり、家に引きこもってしまう傾向がある。

内閣府による全国調査「若者の意識に関する調査（引きこもりに関する実態調査）」（二〇一〇年）によると、調査対象者（十五歳から三十九歳まで）のうち、「引きこもり群」の半数近くが三十歳以上であり、「引きこもり親和群（条件が緩い）」の四割弱がその年齢層である。「引きこもり」の半数近くが正規社員として働いた経験があり、四分の一近くが三十代で「引きこもり」になっている。原因のトップは、「その他」を除くと、「職場になじめなかったから」と「病気」である。

本章の冒頭で触れたように、国際比較でみると、日本の人口比の自殺率は高い。しかし意外に思われるかもしれないが、「うつ病」の「発症率」は低い。[*55]「うつ病」比率が低いことの理由の一つとして考えられるのは、病院に行かない人がまだ多いということである。「国民の約一五人に一人がこれまでにうつ病にかかった経験があるにもかかわらず、その四分の三は医療を受けていないとされている」[*56]。病院に行かなければ、病気としては認定されず、数字に反映されない。最近でこそ「うつ病」は誰でも罹りうる病気として社会的に認知されてきたが、まだまだ世間の「目」があり、他国に比べて病院に行かない人が多いのだろう。

「日本的経営」下では会社が丸抱えで男性正社員の面倒をみて、会社外の生活は家族が全面的に支えてきた。しかし、以下にみるように、家族にも余裕がなくなり、それでいて「うつ病」や働かないことに対する世間の眼差しは依然として厳しく、受け皿になるべき「社会」の機能が充実していないために、「うつ病」などで働けない男性の中で自殺にまで追い込まれる人が増えている[*57]と分析することができる。労働と自殺の関係については次章で詳しく検証するが、自殺を「極端な例」とみなしてはならない。自殺一歩手前である、表にでてきにくい「うつ病」の人たちがたくさん潜在しているという理解が必要である。

### (5) 無償労働とストレス

ここまでは、有償労働に限定してストレスと「うつ病」についてみてきた。最後に、家事、育児、介護、社会的活動などの無償労働のストレスに目を向けよう。

高度経済成長の時代は、性別役割分業が明確であり、男性は外で働き、女性は家事を担当する家庭が多かった。しかし、男女雇用機会均等法が施行され、社会に出て働くことへの女性の意識が高くなり、加えて現在は、「主たる生計維持者」である夫の所得が減少したために、妻も働かざるを得ない状況になり、女性の就業率は上昇傾向にある。

しかし、女性の多くは非正規社員として働き、かつ、依然として家事のほとんどを担っているのが実状である。男性の家事分担意識は高まる傾向にあり、育児を協力的に行う男性は増えているが、育児と家事のほとんどを妻が担っているケースが多数を占める。[*58] もちろん、無償労働にも負担といった否定的な側面だけではなく、子どもの成長過程に関わり、料理に工夫をこらし、地域社会をもり立てるといった創造的な要素もないわけではないが、この状態に介護などが加わり、それらを楽しむ余裕はなくなっている。[*59]

有償と無償の労働を両方抱える女性には、以前にも増して強いストレスがかかっている。ここで留意すべき点は、無償労働の負担増は、当人の「うつ病」の発症率を高めると同時に、会社でストレスを抱える労働者を再生産させてきた機能を弱体化させていることである。ある調査によれば、既婚者に比べて、未婚・離婚の労働者の方が、「精神的な病」にかかったり病休をとったりする率が高い[*60]――あくまで相関関係であるが。しかし既婚の労働者であっても、家庭には余裕がなく、「癒され」にくくなっている。経済的のみならず精神的にも、家庭が包容する力は限界にきているのだ。「引きこもり」や「ニート」を抱える家庭はなおのことである。「成人した子どもが自分達に頼りすぎる」ことをストレスに感じている親は少なくない。[*61] 会社でも家庭でも余裕が削り取られ、地域社会での支えあいも十分ではない。誰か一人でも「うつ病」（に限らないが、重篤な病気）にかかれば、他の家族構成員へのストレス負荷が一挙に高まるのである。

## おわりに

「日本的経営」下の職場にも強いストレスがかかっていた。むしろ、現在よりも重さや暑さといった物理的な労働環境は劣り、労働時間は長く、社員に同質性を求める圧力は強かった。また、非正規社員、下請企業の労働者、低学歴労働者、女性労働者、外国人労働者に、雇用条件の劣悪さが押しつけられていた。

九〇年代の半ば以降、景気変動の「緩衝役」を果たす「周辺層」が拡大し、大胆に切り捨てられるようになった。市場の流動化を積極的に推進させようとする論者たちは、正社員の「既得権益」を奪い、「機会の平等」への転換をもってその方向性を正当化しようとしたが、現実は、失業率の上昇と悪条件で働く層の拡大をもたらした。それらに該当する人たちは、明らかにメンタルヘルスを悪化させた。経済的な困窮によるだけでなく、社会的な紐帯を失い、自分の人生プランや身の回りの環境をコントロールしているという感覚が希薄になったことが大きい。それに加えて、経営合理化の波は、大企業の正社員や公務員など、かつてなら「一生安泰」と思えた層にまで及んでいる。そのような意識を持ち続けている人たちや相対的に自律的な働き方をしてきた職種の人たちは、急激な変化に対してストレスを強く感じやすい。「周辺部」の拡大と「中核層」に対する合理化の浸透により、あらゆる層が強いストレスを受け、「うつ病」が広範囲に広がっている。

ストレス社会の広がりとともにストレス要因の多様化にも留意すべきである。ストレスの元は、長時間労働や危険な作業といったわかりやすいものから、評価制度の「改革」、新しい生産技術の導入、無限定な労働、指揮命令の混乱、およびそれらの諸制度間の不整合など、複合的な要素からなる。働く者を取り巻く力関係も入り組んでいる。管理する者とされる者との関係だけでなく、異なる雇用形態の者どうしの協働、顧客・株主からの圧力、三六〇度評価などが混ざりあった複雑な関係へと変わった。強度が高くても単純なストレスには、抵抗や緩和が比較的容易である。しかし、ストレス要因を特定しにくい場合は、ストレスを受けた者は内側にため込みやすく、「うつ病」を発症させやすいのである。

「うつ病」が広まっているという一般的認識とは裏腹に、本人が病気を自覚し、他者が「うつ病」の人を病人として理解することは難しい。ましてや、その原因を特定することは困難である。経営者は「問題社員」を組織の外へ（「自発的」に）追いやろうとし、その中には「うつ病」に罹っている労働者が含まれることもある。かくして「うつ病」の問題は発生源の職場から外に出され、「うつ病」を生む職場環境は一向に改善されないままである。

働く場からの退出を迫られた「うつ病」の患者は、家族が中心になって支えてきた。「うつ病」は社会に広がりをみせるものの、「パラサイトシングル」や「引きこもり」の現象に隠れて、社会問題として表面化しにくかった。しかし、会社のみならず、家庭、学校（「ゆとり教育」などの試行錯誤はあるが）など、あらゆる場から余裕が削り取られているために、もはや家族が「うつ病」の患者を抱え込む力は限界にきている。

精神疾患を患う労働者および失業者は、これからも増え続ける可能性が高い。最新の治療方法を開発し、復職制度を充実させることが喫緊の課題である。しかし、「うつ病」は、そのものだけの問題ではない。「ムダ」＝「あそび」が社会から削り取られ、先の見えない競争を強いられ、賃金や資産の格差が拡大し、それらに起因する「ムリ」を押しつけられた部位の「弱さ」が表面化した現象の一つとして認識すべきであり、ストレス社会への反応は、いじめ、いやがらせ、暴力、虐待、薬物依存、詐欺などの形で現れることもある。したがって、「うつ病」の広がりに対して、病院と会社における対症療法的な処置だけでは不十分である。「あそび」が乏しい社会、大量消費を支える大量生産に追われた生活、拡大し固定化する格差、低い人権意識、そして劣悪な職場環境を変えることが欠かせないのだ。そのためには、社会政策上の対策や地域社会での取り組みが必要だが、一人ひとりが身の回りからできることもある。消費―労働に追われた生活から半ば降り、労働に関する「トラブル」に対処する方法を身につけ、親しい仲間で経済的・精神的に支えあい、自分たちの中に「あそび」を作る。自らが近辺の環境を変えることにより、少しずつではあるが社会意識や社会構造は必ず変わっていくのである。

# 第四章　労働と「死」――死傷、過労死から自殺へ

## はじめに

前章で言及したように、日本は自殺大国である。自殺率は欧米先進国に比べて高く、自殺が日本の深刻な社会問題であることは、あまねく知られるようになった。だが、自殺の数だけをみても、問題の所在は突き止められない。自殺には社会的背景があり、死に追い込む場がある。自殺という社会現象を適切に把握するためには、自殺を個人的な問題としてではなく社会的事実として理解し、死に追いやる社会の構造とミクロの場を立体的に解明し、それらの特徴を通時的視点や国際比較の視点から検討することが求められる。

労働にまつわる死には歴史がある。前近代的な労働条件や劣悪な職場環境に起因する労働災害は初期資本主義に共通する現象であり、急速に近代化を図った戦前の日本でも頻発した。低賃金、長時間の強制労働、児童労働、危険な作業、暴力や制裁、中間搾取、劣悪な住環境、人身売買まがいの行為などにより生じる死傷事故は、鉱業や繊維産業で働いていた人たちに関する記録から確認することができる。

第二次大戦後になると、労働三法が整備され、労働組合の結成が公に認められ、労働条件に一定の制約がかかるようになった。労災による死亡者数はすぐには減らなかったものの、一九六一年をピーク（六七

一二人）に減少を辿った。[*1] 日本は安定した経済成長期を迎え、経済先進国の仲間入りを果たした。

しかし、経済的に「ゆたか」になっても、長時間労働は解消されなかった。先進国では労働時間は短くなる傾向にあり、余暇、家族との団らん、地域活動などに割く時間が長くなったが、日本のサラリーマンは長時間働き続けた。[*2] だが、長時間働かせる管理手法と長時間働く主体側には変化がみられる。かつての物理的拘束と強制された労働とは異なり、直接的に監視されていなくても「自発的」に長い時間、会社にとどまる。そして、気づかぬうちに脳や心臓に疾患を抱え、突然死に至るという、それまでの資本主義の常識では考えられない現象が発生したのである。[*3] Karoshi の奇異さは世界規模で関心を集めた。

本来ならこの時点で「日本的な雇用慣行」と働きすぎとの関係についてきちんと検証すべきであったが、国際競争力を支える「日本的な雇用慣行」に対する肯定的な評価があり、また、働きすぎを「勤勉の証」として好意的に受け止める労働倫理が根強いこともあり、（死に至らない）働きすぎは、深刻な問題として捉えられなかった。家族からすれば、働き盛りの者が突然倒れることの衝撃は大きかったものの、過労死予備軍を多数抱える社会全体の問題として真剣に受け止める者は少数派であった。

バブル経済に踊らされた狂騒の時代が幕を閉じると、「日本的経営」は時代遅れなものとして退けられ、働きすぎよりも、働けない人の急増に関心が向けられる。長らく二パーセントという低率を誇った失業率が上昇し、雇用の非正規率が高まり、所得・資産の格差が拡大した。将来の見通しがつかず、希望を持てずに自殺する者が増えている。しかし、失業者や働く貧困層の自殺が増加する一方で、依然として働きすぎる人が一定数存在し、そのなかには自殺にまで追い込まれる人がいる点を見落としてはならない。「過労自殺」の業務起因性が認められ、会社側の責任（安全配慮義務違反）が初めて認定された事件として有名な「電通事件」が起きたのは一九九一年であり、九〇年代の後半には過労自殺という言葉は一般用語として定着した。[*4] 働けない人と働きすぎる人とが二極化しているが、両者の自殺は表裏一体の関係にある。雇用の「多様化」・「柔軟化」・流動化は、労働者間の労働時間と所得のバラツキを大きくし、労働者の生活を不安定にした。増大するストレスに起因する「ハラスメント」や「うつ病」といった病理的な現象を社会に広め、自殺に追い込まれる人を増やした。この傾向は依然として続く。二〇一五年、同じ電通で新卒社員が過重な労働の常態化により自殺に追い込まれた。

労働にまつわる死は、歴史の中で変化してきた。あえて単純化していえば、物理的に劣悪な労働環境による死傷、組織内の激しい競争と相互監視の下での働きすぎによる脳・心臓疾患と突然死、雇用の不安定さと労働の過剰および過少に耐えられない人たちの精神疾患と自殺である。過労死と過労自殺は同じ働きすぎによる死として括られることが多いが、それらの背後にある社会構造と死に追い込む職場の変化を看過してはならない。もちろん明確な区切りで変わってきたわけではなく、現在もそれぞれの社会的背景と死との関係は並存し、変わらぬ職場の特徴もある。この小論は、死を強いる社会の仕組みと職場のあり方——変化と不変性——を明らかにし、自殺の増加という異常事態に対して労働者がとるべき方策を最後に提起したい。

## 1　戦後の経済成長と大規模組織の「人材抱え込み」——自殺率の減少傾向

エミール・デュルケムは、自殺に関する社会学研究の古典である『自殺論』（一八九七年）を著し、その中で、大戦などの社会的激動は国民の集合的感情を刺激し、一つの目標に向けて国民を統合するために、自殺率を低下させると分析した。[*5] たしかに日本でも、二つの大戦期において自殺率は大幅に下がった。しかし、経済成長と自殺との関係については、彼の考察通りにはならなかった。すなわち、経済成長は個人主義化と社会の紐帯の弱体化を伴い、自殺を妨げる力を弱め、自殺を増加させるという分析は、第二次大戦後の日本社会にはあてはまらなかったのである。終戦後十五年間は自殺率は上昇したものの、安定した経済成長期を迎えた六〇年代には大幅に下落した。[*6] 低下傾向は先進国に共通する特徴であったが、日本は例外的にあらゆる年齢層で自殺率が低くなった国であり、若者層の自殺率の低下が他国と異なった。[*7]

戦後の経済成長期における自殺率の低下は、強い社会統合力に起因すると考えられる。戦後日本では、家庭・学校・会社が相互補完的に機能し、国民を「社会」に統合する力が強かった。会社では、終戦直後、GHQの民主化政策に基づき労働組合が結成され、激しい争議が繰り広げられた。しかし、GHQは日本共産党の躍進に危惧して方針を転換し、強権を発動してスト禁止声明を出した。これが戦後の労働運動の大きな転機となる。五〇年代から六〇年代初頭にかけて組合側がことごとく争議で敗北を喫し、現在に至る労使協調路線をとる組合が圧倒的多数となった。階級闘争的な組合もなくなったわけではないが、そのほとんどは社内で少数派にとどまった。日本の大企業は、安定的な労使関係の下、新卒を一括採用し、社内で実地教育を施し、昇進・昇格させ、会社への忠誠心を涵養し、仕事の「やる気」を引き出す仕組みを完成させた。特定の部署の人員が過剰になっても、すぐにはクビにしない。人手が足りない他部署に配置転換したり、関連会社や下請企業に出向・転籍させたりする。雇用を守ることを前提として、会社は従業員の配属先や担当作業を柔軟に変えた。このような労務管理を、ホワイトカラーだけでなく、現場労働者にも適用した点が日本企業に固有な特徴であり、なかでも大企業が従業員を組織に統合する労務施策を採用した。

戦後の「福祉資本主義」は、その中でも特に日本の「企業社会」は、国民を「社会」に統合する形で発展を遂げたのである。会社とは、大企業のサラリーマンにとって、新卒で入社できれば自分から辞めない限り定年まで働き続けられると信じられる場であり、中小企業の労働者であっても、右肩上がりの経済成長の中でそしてグループ企業の一員として「ゆたかさ」を享受できると思える場であった。そして、「主婦」は「主人」のサラリーマン生活を家庭で支え、安定した世帯収入を期待し、子どもは「良い会社」に入社するために「良い学校」に入ることを期待されたのである。

こうして、「企業社会」を構成する諸制度が補完しあいながら国民を強く統合し、その制度の一つである会社組織は従業員に「居場所」を提供したのだ。ただし、職場の内側にまで入ってその「居場所」を観察したならば、居心地の良い場と単純にはいえなかったことがわかる。

組織構成員は、個人目標を課され、各自の課題の達成に追われたが、同時に、上司への従順さ、同僚への協力、後輩の教育も評価の対象にされ、独りよがりのがんばりは敬遠された。各人の職務範囲には曖昧な部分があり、仕切りを取り除かれた職場では構成員は互いに「助け合う」ことを奨励された。職場の目標はトップダウンで与えられ、職場の「裁量」とは達成方法の「自由」にすぎないが、また、皆が同じように運営の権限を与えられたわけでもないが、誰もが「職場の一員」としての自覚と「協調性」を求められたのである。

会社で自分の身を守るためには、組織や職場で「忠誠の姿勢」をみせることが不可欠であったのだ。あからさまに「サボる人」や「異質な者」が排除やいじめの対象になっただけでなく、「協調性」のないがんばりも嫌われた。誰もが無条件に「居場所」を確保できたわけではなかったのである。

ならば、職場とは抑圧の場であったのか。実際、常に監視されているような重苦しい雰囲気の職場もあったであろう。しかし、組織や職場のしきたりに適応し、上司に「従順さ」を認められたならば、「同じ仲間」として、職場運営に迷惑をかけない範囲内で、各人の事情が考慮されることもあった。会社と労働者の間には、そして同じ職場の労働者の間にも、利害が一致する面もあれば、利害が衝突する面もある。今にして思い返せば、当時はまだ人員に余裕があったために、職場はそれらの対立や矛盾を曖昧のままにして表面化させないことが可能であり、インフォーマルにやりくりする場になっていたのである。

日本企業は、「日本的経営」論の擁護者が想定するような、文字通りに助けあう「生活共同体」ではなかった。職場はあくまで経営側主導で作られたものであり、だからこそ、構成員どうしの監視や牽制を生む場になっていたのである。また、組織の「周辺部」に位置する労働者たちは、「共同体」の構成員とは言いかねる、微妙な立ち位置に置かれていた。[*8] しかし、組織や職場での「つながり」は、家族主義的イデオロギーや人間関係論的労務政策にすぎないとして切り捨てるのも適切ではない。擬似的ではあれ、「中核的」な組織構成員の「居場所」になっていた面があり、「周辺部」の人たちの多くも、右肩上がりの経済成長を通してそして他の社会制度を介して、総体としての「企業社会」に繋がっていたからだ。働く場での勤勉ぶりは長い期間、顔を合わせる構成員どうしにより暗黙のうちにランク付けされ、職場とはメンバーが「社会的」に評価・認知される場であった。また、職場の「和」を尊重する「仲間」として受け入れられたならば、許容範囲内の「息抜き」は見過ごされた。職場におけるこの二面性は重要である。この時点では、多くの職場はその両面――抑圧の場であり、「居場所」でもある――の「バランス」を巧みにとっていたのであり、厳密にいえば、内部にまで合理化が浸透していなかったため、矛盾や対立を曖昧にしたまま運営することができたのである。

## 2　組織内部の合理化と過労死

### (1)　職場機能の矛盾の表面化

自殺率は、七〇年代に入ると下げ止まりし、八〇年代中頃に大きな山ができる。前者がオイルショックの時であり、後者が円高不況の時に該当する。日本企業の合理化手法は、解雇はせずに逆境を乗りきるとして世界から注目されたが、実態を細かく見ると、倒産の負債総額が大幅に上昇し——一九七四年には前年比で倍増——、中小企業が景気悪化の煽りを受けていた。この時から既に、中小企業の労働者や中高年女性のパートタイマーは景気変動の雇用調整要員であり、大企業で働く男性正社員であっても、中高年層は配置転換・出向転籍・希望退職・指名解雇を言い渡され、「日本的雇用慣行」は修正された形で適用されていたのである。[*9] ただし、若者の雇用控えは長期にわたらず、若者の雇用環境は現在ほどには悪化していなかった。[*10] それも一因であろう、若者の自殺率は上昇していない。組織拡大を見込めなくなった大企業は、下請会社や非正規労働者を切り捨て始め、自組織内部でも「地道な合理化」を推し進めていった。その結果、職場の危うい均衡状態が崩れだし、心身ともに充実して働いているようにみえた者が突然死ぬという、日本に固有の労働問題が生じるようになるのだ。

高度経済成長の時代には、組織は成長の陰に隠れた「ムダ」を抱えており、労働の時間は長くても労働の密度は相対的に高くなく、組織や職場内にはまだ「あそび」があった。それが、オイルショック後に合理化圧力が強まると、組織や職場の「ムダ」が削られ始め、これが、過労死の直接的契機となる。[*11] トヨタ式で有名な「カイゼン活動」が注目されだすのもこの時期である。[*12] 一九七三年くらいから「突然死」が目立つようになり、働き盛りのサラリーマンの過労性急死に警告を発する医者が現れた。[*13]

前節で明らかにしたように、職場とは、目標管理の圧力と同僚の眼差しが合成された場であり、従業員どうしの助けあいと牽制とが混在した場であった。このような職場に合理化が入り込むと、職場に余裕がなくなり、互いに支えあう側面よりも、互いに牽制しあう側面の方が強くなる。従業員が会社で「生き残る」ためには、「本音」と「建て前」を職場内でも使い分けることが欠かせなくなった。つまり、同僚たちに「勤勉さ」をみせつつも、こっそりと「手を抜く」したたかさが必要になってきたのだ。[*14]しかし、誰もがそのような器用な働き方ができるわけではなかった。長時間労働やサービス残業を厭わないそぶりをみせるだけでなく、実際に誰よりも早く会社に行き、誰よりも遅くまで会社に居残る者の中には、死に追い込まれる人がでてきたのである。[*15]

## (2) 働きすぎを規制する力の弱さ――世論、法律、組合

では、働きすぎに対する批判やそれを抑制する対策はなかったのか。日本企業が国際競争力をつけ、先進諸国を追い抜かんばかりに成長を遂げると、強さの秘密は「アンフェア」な商慣行や労働慣行にあるのではないかとの批判が生まれ、その一つとして長時間労働に関心が寄せられた。国内でも「働き蜂」や「会社人間」といった表現で、働きすぎを揶揄し、自嘲ぎみに話す人が出てきた。起きている時間のほとんどを会社で過ごすサラリーマンに対して、あるいは、過ごさせる会社に対して、家族への「サービス」や地域社会への「奉仕」を行っていない、行わせていないという批判も生まれた。しかし、世間では「好きで働いている」くらいの軽い雰囲気が漂っていた。弁護士や医師で構成された、過労死の労災申請などの相談に無料で応じる「過労死１１０番」が全国に開設されたのは一九八八年であり、「24時間働けます

か？」という「モーレツ社員」賛美とも捉えられる栄養ドリンクのＣＭが始まったのも同年である。世間一般は、働きすぎを深刻に受け止める風潮ではなかったのだ。

とはいえ、過労死や長時間労働に対して国は対策を講じていなかったわけではない。一九六一年、労働基準局長通達で「中枢神経・循環器系疾患（脳卒中・急性心臓死など）の認定基準」を設けた。しかし、この病気は個人差が大きく、業務負担と発病との因果関係がはっきりしないとの理由で労災は認められにくかった。過労死の労災認定基準が見直されるまでに二十六年もかかった。[*16] また、週最長時間が四八時間から四〇時間に短縮され（一九八七年労基法改正、一九九七年四月一日完全実施）、法改正を通して働きすぎに歯止めがかけられた。しかし、企業内組合は時間外労働に対して強い制約を要求せず、会社は労使協定（三六協定）を結べば、時間外労働をその範囲内で自由に課すことができる。長時間労働に対する規制は骨抜きにされたのである。企業内組合であっても、経営に対する影響力が全くなかったわけではない。労使協議制を通して生産に関して「発言」をし、経営に対して一定の「参加」をしているとして評価されてきた。大企業の経営者も、労働者の数の力を無視できるわけではない。だが、組合は経営側の利害と露骨に対立する形で規制力を発揮することは希であり、組合員を個別にサポートすることはほとんどなかったのである。過労死事件が起こった後ですら、会社は労災認定に非協力的であり、企業内組合も無関心を決め込み、遺族が業務起因性を証明するのは困難を極めたのである。[*17]

日本企業の職場には、一方で、相互の監視や牽制の側面があり、「異質な者」を排除する力が強かったが、他方で、助けあったり事情を考慮したりする側面があり、労働者にとってプラスの面がなかったわけではない。しかしここで留意すべきは、プラスの側面は〝結果的に〟機能したにすぎなかった点である。働きすぎに対する規制は、世間の労働倫理という点からも、法整備という点からも、そして組合の力という点からも不十分であり、労働者はフォーマルに自分たちの働く場を規制できたわけではなかったのだ。先に指摘したように、両面の「バランス」はきわめて危うい。経営者はオイルショックへの対応として合理化に着手したが、労働組合はそれらを規制する力を発揮しなかったため、その「バランス」はいとも簡単に崩れた。職場構成員どうしが助けあう側面よりも働きすぎに追い込む側面が強くなり、中には死ぬまで働く者がでてきたのである。

そして、労働組合による規制力の弱さは、その後の新自由主義路線に基づく「雇用改革」に対する受動的反応に結びつく。[*18] すなわち、経営者が組織の再編や大規模な人員削減に手を付けても、表だった抵抗や反発はみせなかったのであり、そのしわ寄せが労働者にいき、過労死から自殺への変化となって現れるのだ。

## 3　雇用不安と自殺

バブル経済が崩壊し、日本社会が長い停滞期に入ると、日経連（当時）が『新時代の「日本的経営」』（一九九五年）を発表した。表向きは多様な価値観や生き方に応える雇用制度への「改革」を謳うものの、実質は、労務コストの削減を意図したものであった。しかし連合は「リストラ」に対して断固反対という姿勢を示さず、半ば容認した形となり、企業や産業の合理化や再編は不可避とばかりに進んでいった。

だが日本社会では、法律と判例上、簡単には解雇できない。したがって、人員削減の最優先の手法は非正規雇用の自動更新の打ち切りであり、不景気が長期化すると、新卒正社員の採用控えになった。つまり、人員削減の犠牲となったのは、女性、外国人、若者など、従来の雇用制度で「周辺」に位置した人たちであった。先述したように、非正規労働者は既に景気変動に対する「雇用の調整弁」にされていたが、新卒正社員の採用控えは新規の労務政策であり、長期化し、社会に定着した。

若者の雇用環境の慢性的な悪化に対して、若者擁護の声が上がり、世代間の格差論争が起きた[19]。大企業の正規雇用者であり、労働組合員でもある、雇用を守られている層は「既得権益者」であり、若者の雇用機会を奪っているとして攻撃の的にされ、雇用規制の緩和を求める声が強まった[20]。たしかに、若い世代は非正規比率や失業率が高く、今の中高年層に比べて正規雇用者になれる可能性は低く、見込まれる生涯賃金の額は少ない。若い人たちにも働くチャンスを与えなければ、不公平感が強まるだろう。しかし、雇用の規制緩和は、若者たちにチャンスを与えると単純にいえるのだろうか。

このような若者擁護論の多くは、中高齢者との対立構図を持ち出しては「若者」を一括りに扱い、若者の中の格差には目を向けない。市場競争を歓迎し、「ニューリッチ」[21]と呼ばれる新たな富裕層に入る若者たちが増えている一方で、「低い階層」に属する人たちは市場競争の前の段階で佇んでいる。労働市場の背後には階級社会が控えており、労働市場に入る前の家庭や学校における教育段階で既に「選別」が行われている。この構造的問題を抜きにして労働市場の流動化だけにこだわっても、「低い階層」に位置する若者たちの雇用機会が増えるわけではない[22]。

また、若者擁護の形で雇用規制の緩和を求める論者は、雇用の規制緩和と経営の意思決定および市場の流動化を短絡的に結びつけている点でも問題がある。雇用に関する規制を緩和し、中高年層の正社員のクビを切りやすくしたからといって、経営者たちは「若い人たち」の多くを好条件で雇うとは限らない[23]。にもかかわらず、雇用規制の緩和＝労働市場の流動化＝雇用機会の拡大と単純に考えている節がある。現実は、「若者」の雇用悪化に加えて中高年層の失業を増やしたのであり、雇用不安を「中核層」にまで広げたのである。

働くことにまつわる評価だけが「社会」で活躍することの指標になっている者は依然として多い。筆者は労働―消費中心の生活を根本から見直すべきであると考えているが、いずれにせよ、多くの者にとって、職からあぶれることは「社会の落伍者」を意味する。したがって、職を失った者や望まなくして非正規の雇用形態で働く者は、経済的に困窮するだけでなく、社会的評価が低くなり、働くことを通して形成されるアイデンティティが揺ぎ、自信を失う。前章で言及したように、どこにも支えてくれる場（「バーチャルな世界」を含む）を持たなければ、自殺に向かいやすいのである。

日本は、九〇年代初頭のバブル経済の絶頂期は自殺率が低かったが、景気が長期間低迷した一九九八年に自殺数が急増した。自殺者の内訳をみると、約半数を「無職者」が占める。[*24] うち「失業者」の自殺数は、バブル経済末期の九一年に一九七人と最低記録になったのを境に上昇に転じ、九八年以降急増し、ここ五年は二〇〇〇人前後で推移している。そして特筆すべきは、全世代で自殺者が増えているなかで、とりわけ五十歳代の自殺率が高い点である。[*25] 客観的状況として「若者」の雇用環境は良いとはいえないし、ここ数年二十―三十歳代の自殺率は他世代に比べて上昇傾向にあるが、国内の世代間比較でまた国際比較でも日本人の五十歳代前後（四十五―六十四歳）の自殺率が抜きん出て高い点が特徴である。[*26]

働きたくても働けない人が増えている状況がある一方で、少なくなった正規雇用者がより多くの仕事をこなしている現実が他方で存在する。労働時間の二極化である。[*27] ではなぜ彼らは働きすぎるのか。その理由はかつてとは異なる。お金の問題でも、職場での相互監視が強くて帰りたくても帰られないからでもない。単純に「仕事量が多い」という理由を挙げる者が圧倒的多数である。[*28]

オイルショックを乗り切るための合理化は、雇用を調整し、働く場から「ムダ」を削り、職場の助けあいの機能を弱体化させ、働きすぎによる「突然死」を招いた。しかしそれでもまだ、企業グループ内や組織内での人員のやりくりであり、カイゼンという手続きに基づいた合理化であった。家族主義という管理イデオロギーと職場構成員どうしの相互監視が依然として機能しているが故の働きすぎであり、上手に「手抜き」ができない者が死に至るケースであった。ところが最近は、経営者は職場から強引に人を抜き、許容範囲を超えた仕事量を個人に押し付ける形で過労に導いている。出入りが激しくなった職場では各人が孤立し、他の労働者の過重な負担に気づきにくい。たとえ負担の偏りに気づいても、「職場の仲間」という意識が希薄なために、他者を助けようとはしない。前章で明らかにしたように、このような状況の下で過重な仕事を一人で抱え込む者が、誰にも頼れずに心を病み、自殺にまで追い込まれている。

もちろん雇用条件には差があり、皆が同じような窮状に置かれているわけではない。しかし、一部の富裕層を除けば、ほとんどの人にとって労働条件は悪化し、主観的には余裕がなくなっている。将来を見通せない不安、いつクビになるかわからない心配、増大する労働負担、強まる責任の重圧、職場でのいがみあいに耐えきれず、精神に疾患を抱え、自ら命を落とす者があらゆる層で増加傾向にある。[*29]

もともと日本企業の職場運営は、柔軟性を確保するために、労使間のフォーマルな協定で縛るのではなく、暗黙のルールの下で行われていた。それ故に経営に対する規制がきかず、労働者の人権を無視するような企業もあったが、労使が互いの立場を尊重して、温情主義的な処遇を行う企業もあった。しかし低成長時代に入り市場競争が激しくなると、新たな成長の手立てを講ずるのではなく、手っ取り早く人件費を削減する、前者の企業が目立つようになった。「裁量労働制」を導入して「タダ働き」をさせようと目論む例や、管理職にして残業代を払わずに酷使しようとする「名ばかり店長」の例などがすぐに思いつく。「自己裁量」や「肩書き」と引き替えに労働時間が不可視化され、過労が表に出にくくなり、見過された過重な負担に耐えきれずに死に追い込まれる人が増えているのだ。[*30]

## 4　米国労働者像の誤解――会社を渡り歩く「強い個」？

雇用の規制緩和と強引な合理化が進む中で自殺者が増えている。この悲惨な現状に対して、それは日本社会や日本人に固有の問題であり、グローバルスタンダードである市場原理に基づく資本主義に適応しきれていないからである。あるいは、旧来の「日本的な雇用慣行」がまだ残存しているからであり、雇用の規制緩和をいっそう進め、雇用形態の区分を一掃し、労働市場を流動化すれば、会社を辞めた者が再雇用されにくい問題も、非正規労働者の貧困問題も、そして組織に固執した正規労働者の働きすぎの問題も解消される、といった反論が予想される。いずれも、労働市場が成熟し、「強い個」を持つ人たちが会社組織に依存せずに働くという米国社会を念頭においた反論である。

しかし、このような議論は、日本社会や日本人を画一的に捉えると同時に、比較対象である米国の労働社会も勝手なイメージで語っている点で誤りを犯している。雇用の「柔軟化」に耐えられないのは日本人だけではない。米国社会も七〇年代後半に組織志向から市場志向へと大きく転換し、その変化に対応しきれない問題が多様な形で噴出し、深刻化していることを簡単に触れておく。[*31]

はじめに解く誤解は、もともと米国人は組織に依存せず、個人主義的な働き方をしてきたというイメージである。

大規模組織の発達と長期雇用の労働慣行の定着は、日本だけの特徴ではない。ジェイムズ・アベグレンの議論[*32]を嚆矢とする「日本的経営」論は、終身雇用、年功序列、企業別組合を日本企業に独自な特徴とみなしたが、米国企業も、急進的な労働運動を防ぎ、熟練工を確保するために、労働者を組織にとどめ、組織内に職務階層を設け、昇給制度を考案し、教育制度を整え、福利厚生を充実させてきた歴史的経緯がある。[*33]そして経済学の分野では、六〇年代後半から七〇年代にかけて、労働者を組織に取り込むことの経済合理性を理論化する研究が活発であった。J・K・ガルブレイスは、「新しい産業国家」では長期雇用者による組織コミットメントと意思決定の重要性が増すことを指摘し、[*34]A・ハーシュマンは、組織からの「退出」というシグナルだけでなく、組織にとどまっての「発言」によって組織が改善される面に注目し、[*35]P・B・ドーリンジャーとM・J・ピオーリは、組織内部の「労働市場」の存在を発見し、社内で育成、昇進、配置転換を行い、人材を柔軟にやりくりする慣行を組織の安定性と成長の両面から高く評価し、[*36]O・ウィリアムソンは、取引相手である被雇用者を組織に内部化することの合理性を「取引コスト」という概念を用いて説明した。[*37]経営学の分野では、「優良企業」が持つ強い経営文化への関心が高まり、日本企業に限らず、強い企業には共通して従業員を魅了し、一体感を醸成し、組織コミットメントを引き出す強い文化が存在すると、米国の経営コンサルタントや経営学者が力説した。[*38]

では、同一企業における雇用の継続年数の実態はどうであったのか。ある研究者の推計によると、七〇年代において四十歳から六十九歳までの四割前後が二十年以上にわたって同じ会社に勤めている。男性に限ってみれば、初職から二、三回の転職を経て、半数近くが生涯同じ仕事に就いていた。性別や人種の限定はあるが、米国の「中核層」も次々と勤め先を変えるような働き方はしていなかったのである。[*39]

組織の論理に順応した働き方という点でも変わらない。日本人が「会社人間」なら、米国人は「オーガニゼーションマン」である。W・ミルズは、個人主義的な開拓者精神に富んだ企業家とも、かつての職人や労働者とも異なる、大規模組織内で「歯車」になって働くホワイトカラーを批判的に捉えた。[*40]W・H・

ホワイトも同様に、組織のルールやしきたりに「自発的に服従する」人たちの職場生活を描き[41]、V・O・パッカードは、独立独歩の精神を持たず、リスクを回避する傾向があり、同調主義的な生き方をする大企業の社員の生態を活写した[42]。

むろん、似たように組織志向型であったとはいえ、米国と日本の雇用のあり方や働き方が全く同じであったというつもりはない。一例だけを挙げると、日本の大企業は男性正社員には原則、雇用を保障したのに対して、米国企業は、男性正社員であっても、現場労働者は景気の変動に応じて解雇した。したがって、戦後の安定した成長期においても、米国のブルーカラーの労働者は雇用不安から逃れられなかったのである。しかし景気が回復し、人手が必要になれば、就業期間が長い労働者から再雇用するというルールが労使の間でフォーマルに決められていたのであり、雇用の柔軟さは、労使間の取り決めに基づく規制とセットであったのだ。

ところが、米国社会は一九七〇年代後半から、組織志向から市場志向へと大きく変貌を遂げる。経営者、経営コンサルタント、経営学者たちは、大規模組織のダウンサイジング、組織階層のフラット化、成果主義の賃金制度、周辺業務のアウトソーシング、非正規雇用の活用、組織の吸収合併、公的機関の民営化など、日本でもおなじみの「改革」を、日本に先がけて提唱し始めたのである[43]。

「組織改革」がはやりになるのと併行して「望ましい労働者像」も変化した。組織にコミットする「オーガニゼーションマン」から会社を渡り歩く「逞しい個人」に変わった。組織に縛られず、専門知識を元手に企業を渡り歩き、上司にこびへつらうことなく、自分のことは自分で責任を取るといった、個人主義的な働き方が奨励されるようになった[44]。本書第一章の後半部分で紹介したドラッカーの議論と同じような労働者像である。

たしかに、組織に囚われず、個性を発揮できる働き方に魅力を感じる人は少なくないだろう。しかし、会社から解雇されても次の仕事を見つけやすいと思われている米国でも、誰もが簡単に仕事を見つけられるわけではない。専門職であるＩＴ技術者ですら、自分を会社に売り込むことは容易ではない。[*45] そして実際に組織から外へ出てみる（出される）と、大方の人は「強い個人」ではないことに気づかされた。雇用は保障されず、将来の展望が描けない不安に襲われた。[*46] 組織への「忠誠心」と仲間への「信頼感」は弱まり、「会社の一員」というアイデンティティは揺らぎ、寄りかかった組織や気心の知れた人間関係の中で形成された「自己」は、危機にさらされたのである。[*47]

そして興味深いことに、職場では個々の業務に「引きこもる」人が目立つようになった。組織の再編に際して人員削減の対象から外れても、「次は自分かもしれない」という不安がつきまとい、また仕事量は増える一方であり、[*48] 不安やストレスから自分を守るために「引きこもり」のような状態になっているというのだ。[*49] さらには、経営側の侵入から「自己」を守るために、経営側が押しつける企業文化に対して露骨に反発することなく距離をとろうとし、[*50]「用心深い個人主義 cautious individualism」のスタンス、[*51]「皮肉なシニシズム ironic cynicism」の態度をとるようになった。[*52]

もちろん、日本と米国とでは、労働市場の成熟度も、雇用制度を補完する他の社会制度も異なり、雇用の流動化に対する受け止め方が同じというわけではない。ここで指摘したいことは、日米の社会は変わらないということではなく、組織に依存的な「弱い個」と市場社会を生き抜く「強い個」といった具合に両国民を両極端に想定することの誤りである。日米両国で、市場の流動化や雇用の柔軟化を歓迎し、労働市場を個人主義的に生き抜く人や自ら起業する人たちがいる。しかしそれと同時に、どちらの国民であっても、雇用の流動化のメリットを享受できない人たちが存在し、細切れのキャリアや職場環境の急激な変化に耐えられず、精神疾患を発症させ、自殺にまで追い込まれる人たちがいるのである。

## 5　グローバル経済と世界規模の自殺の広がり

経済がグローバル化し、新自由主義に基づく労務政策が広がるに伴い、日本や米国だけでなく世界規模で、雇用不安、長時間過密労働、タイトな生産スケジュール、職場環境の悪化が進行している。そして不幸なことに、雇用や労働にまつわる自殺も世界で広まっている。

中国の深圳にあるフォックスコンの工場で従業員の自殺が続発したことは記憶に新しい。フォックスコン・テクノロジー・グループ（富士康科技集団）は、中国全土で一二〇万人以上の雇用者を抱える大企業であり、顧客の八割であるアップルをはじめとして、デル、HP、ソニー、ノキアなどの有力メーカーの部品を受託生産する、世界最大の電子機器請負会社である。二〇〇六年から低賃金・長時間労働が中国国内で報道され始め、二〇一〇年に「飛び降り自殺工場」として世界に発信された。[*53] 一世代前の出稼ぎ農民（「農民工」）とは異なり、農業をやったことのない若い世代の労働者たち（「第二代農民工」）は、夢見る都会生活と厳しい現実とのギャップに耐えられないようだ。[*54] もっともこの工場は、厳しくなった世間の目を気にして法定内の残業時間を守るようになり、社員どうしの交流の場を設け、自殺防止対策用にネットを張るなどして、他の中国工場より労働条件や職場環境は「改善」されたようである。また、中国全土の自殺率に比べると、この工場のそれは低いという反論もあるようだ。筆者は特定の工場をやり玉に挙げたいわけではない。グローバル経済が中国にも急速に浸透する中で、このような工場がそしてそこよりも労働環境が劣悪な「世界の工場」が当たり前のように存在することを問題視しているのである。[*55]

年間の労働時間が短く、バカンスで有名なフランスでも、仕事に関わる自殺が深刻な問題になっている。二〇〇七年、ルノーの新車開発拠点である「テクノセンター」で、四カ月の間に三人の技術者が立て続けに自殺した。グローバル展開する新車の開発ラッシュに追われ、開発期間の短縮化のストレスに耐えられない社員が自殺に追い込まれたようである。当初、会社側は「自殺は勤務と関係がない」と反論していたが、検察当局が勤務状況を検査するまでの問題に発展し、最高経営責任者（CEO）であるゴーンは職場環境の改善を約束した。[*56]

同じフランスのフランス・テレコムでは、二〇〇八―九年の二年間で自殺者が三二人にのぼった。二〇〇六年から生産性強化対策が始まり、具体的には、二〇〇六―八年の間に二万二〇〇〇人の人員削減、社員の人事異動、なかでも四十歳以上の社員の配置転換が強行された。これらの合理化により、社員の士気が下がり、会社に対する信頼感が急速に低下し、自殺が誘発されたと、フランスの複数の新聞が報道している。[*57]

これらは断片的な事例の紹介にすぎない。自殺が生じた事情はそれぞれ異なるし、一つの要因からすべての自殺を説明できるわけではない。現状を受け止める側にも違いがある。中国の自殺の事例は、劣悪な労働環境や厳しい管理体制だけでなく、農村から都市部への移動による旧来の紐帯の喪失が自殺に関係していると推察される。フランス企業の場合は、それまでの労働条件が相対的に良く、労働者の権利意識が高いが故に、経営のグローバル化に伴う労働環境の変化に強いストレスを感じる労働者が多いのかもしれない。働く場を取り巻く環境は複雑であり、それらの受け止め方は多様であり、特定の条件が必然的に自殺を招くわけではない。[*58] いずれにせよ、将来の見通し、労働量、責任、居場所を自分で統御している実体と感覚を失えば、どこの国民であろうと肉体的・精神的に破綻を来たし、場合によっては自殺に至る。市場原理が世界規模で広まり、経営活動はボーダレスになり、一国や一地域で完結した世界は失われつつある。あらゆる国が短納期と高品質を求める商品市場と関わりを持ち、気まぐれな金融市場に巻き込まれ、世界的傾向として、雇用から漏れた人を支える社会保障が手薄になり、旧来の絆が弱まっている。労働や雇用にまつわる自殺の増加は、過労死や過労自殺という嘆かわしい言葉を生んだ日本だけの問題ではなくなりつつある。

## おわりに――職場の内と外に労働を規制する場と繋がりをつくる

戦後の安定した経済成長期には、国民を「社会」に統合する力が強かった。社会制度の一つである会社は従業員を抱え込み、職場は構成員にとって「居場所」になっていた。会社組織は労働者にとってプラスの面がなかったわけではない。しかし、労働組合の職場介入には大きな期待はできず、労働者は組織や職場の慣行に即して自衛するしかなかった。つまり、労働者の利害を満たす職場機能とは、労働者が権利として獲得していたわけではなく、結果的に享受していたにすぎなかったという点が重要である。したがって、組織の合理化圧力が強まっても、ほとんどの組合は抵抗の姿勢すらみせず、職場は働きすぎへと労働者を追い込む場に変わり、そして死に至らせる場になることもあったのだ。

九〇年代半ば以降の新自由主義的な労務施策は、世間で思われているように、それまでの施策と正反対の方向を追求しているわけではない。「中核層」は存続させ、雇用の調整部分をいっそう拡大させた形で「改革」が進められている。この雇用政策の変化が、「過労死」から「自殺」への変化につながっている。失業者や細切れのキャリア生活を強いられる者たちは、人生を自分でコントロールしているという感覚を失っている。大企業の正社員であっても、職場で孤立し、過重な仕事を押しつけられ、精神に疾患を抱える者が目立つようになった。グローバルな規模で、あらゆる業種・職種で、むき出しの市場の原理に耐えられない人が自殺に追い込まれている。

この小論は、労働と雇用にまつわる死の戦後史の一部を概観したにすぎないが、読者はすでにお気づきであろう。「日本的経営」論と労働市場の流動化論のどちらが望ましいかの選択を迫る議論が多いが、その対立図式は本質的な論点を避けていることを。すなわち、どちらの議論も、働く場の実態を軽視し、労働規制という視点を欠いている。組織か市場かの二者択一の議論に入り込み、組織や市場の外の社会という視点を持たない。それ故に、職場はいつまでたっても閉ざされた世界であり、職場環境は経営側の「善意」に委ねられている。労働者が働く場のルール作りに関わり、雇用者や管理者に法律やルールを守らせる力を持たない限り、管理制度は変わっても、働きすぎ（および、それと表裏一体の関係にある、働けないこと）に起因する問題は解決されないのである。

経営側からすれば、労働者との対立も、対等な立場での交渉も避けたいのかもしれない。しかし、権限を与えずに責任を一方的に労働者に押し付けたならば、皮肉なことに、働く場では「無力感」と「無責任」が広まり、経営者自身に管理負担が跳ね返り、自らの管理責任が問われるのだ。したがって、経営側の観点からみても、職場秩序を再生するためには、職場慣行の決定に対する労働者側の関与が不可欠である。ただしそれは、「協調」という名のなれ合いではいけない。時には敵対する「緊張感を持った協力関係」であり、その決定には、正社員（で構成される労働組合）だけでなく、非正規社員も加わり、企業活動と無関係ではない地域住民や労働者を支援するＮＰＯなども直接間接に関わりを持つことが求められる。会社の「社会的責任」が問われる時代である。会社が社会に開かれた存在にならなければ、会社の社会的イメージは悪化し、会社にとってもマイナスになるであろう。

働く者は職場に労働を規制する足場を作り、職場の外にも繋がりと「居場所」を築かなければならない。かつての「企業社会」で働く者にとって、会社と「社会」は同義であった。その状況が変わらないままに組織の外に出れば、熾烈な市場競争に巻き込まれ、そこで生き残ることができなければ、家か学校に引きこもるしかなく、そこでも支えてくれる人がいないとなれば、自殺にまで追い込まれていく。組織や市場の外の足場や繋がりは、働き場を失った時の受け皿になるだけでなく、同僚をそして自らを死に追いやる職場の論理や勤労観を相対化するきっかけを与え、働いている者にとっては間接的な労働規制につながるのである。

過労死や自殺は究極的な社会病理である。私たちは死を強いる労働社会に生きていることを自覚し、過労死や自殺を「自己満足」の故であり、「自己責任」であると考える・考えさせる世の中の異常さを認識しなければならない。ようやく国が動き出した。二〇〇六年に「自殺対策基本法」を施行し、おそまきながら自殺を社会問題として提起し、国を挙げて防止に取り組むことを宣言した。会社も産業カウンセラーを雇用するなどして、「うつ病」や自殺の対策を打ち始めている。しかし、被害者側への働きかけだけでは不十分である。死へ追い込む場や社会的背景は放置したままであるからだ。地道に働いている人たち、働きたいと思っている人たちを死から守るためには、働く場を内と外から規制し、職場環境を再生し、それを促す社会制度を整えることが欠かせない。この実践は、制度として定着するには時間がかかるだろうが、誰もが自分の足場からすぐに始められることである。

# 第五章　「品質」の作り込みの低下——「最強の現場」トヨタの事例から

## はじめに

以上の三つの章では、日本の職場像では軽視されてきた「負の側面」を検証した。もちろん、すべての労働者が「いじめ」にあい、「うつ病」を煩い、死に追い込まれてきたわけではない。しかし、そのような「潜在的な恐怖」が常につきまとう中で、労働者が働き続けたという面を見落としてはならない。

この章は、組織や職場へのコミットメントという「プラスの側面」について、会社の「末端」から改めて検証したいと思う。欧米企業のライン労働者は、単純で代わり映えのしない作業を命じられ、不満が絶えないのに対して、日本の現場労働者は、安定的・協調的な労使関係の下で組織に抱えられ、大きな権限を与えられ、単純な反復作業だけでなく、カイゼン活動や異常処置などの複雑な労働も任され、同一企業内でキャリアを積み上げていく。このような労働者管理のシステムは、企業や仕事への高いコミットメントを労働者から引き出し、外部環境の変化に対する現場レベルの対応力を高めるとして評価され、フォーディズムを超えたシステム（＝ポスト・フォーディズム）として位置づけられた。[*1] そして、第一章で取り上げたドラッカーのようなオピニオンリーダーを介して、一般読者層にも日本の現場管理システムの優位性は伝えられた。

ところが、いわゆる「バブル経済」が崩壊し、日本企業の競争力が低下すると、それに呼応する形で「日本的経営」論はほとんど消え失せ、日本企業の現場に関する議論も下火になった。日本社会全般が暗い雰囲気になる中で、好景気にわく業界や順調な企業もないわけではない。マスメディアを通して「景気回復基調」にあると伝えられることもある。しかし、景気動向や会社業績の指標はいざ知らず、労働者には景気回復の実感はない。ここまでの論考から明らかのように、数が少なくなった正社員は労働負荷の増大に苦しみ、短期雇用の繰り返しと低賃金の生活から抜け出せない非正規労働者は大きな不安を抱えている。

では、このような雇用状況は、「参加」や「統合」を固有な特徴とみなされてきた日本企業の現場にいかなる影響を及ぼしているのか。

この章は、ポスト・フォーディズムにまつわる議論で頻繁に取り上げられ、今も圧倒的な強さを誇るトヨタ[*2]に注目し、現場のあり方を再検証する。筆者は、二〇〇一年の七月末から十一月初頭にかけての三カ月半、トヨタの現場で一期間従業員として働いた。その参与観察の結果[*3]と、その後の動向を踏まえて、会社を「末端」から支える非正規労働者の立場からトヨタの現場の特徴および変容ぶりを明らかにする。

## 1 非正規労働者の慢性的な高止まり

トヨタの労務管理に固有な特徴は、組織への労働者統合の強さである。「日本的経営」全般でこの特徴は指摘されていたが、なかでもトヨタは従業員に組織への「一体化」を求め、現場労働者にも「トヨタマン」としての自覚を持たせてきた[*4]。

しかし、日本社会全体で非正規雇用が増加し、「日本的経営」を標榜してきたトヨタ[*5]も多くの短期雇用者を雇うようになった。「臨時工」の雇用の歴史は戦前に遡り、農閑期にのみ出稼ぎで働く「季節工」の採用は一九六四年に開始されたが、近年の「期間従業員」に固有な点は、数の多さだけではなく、正社員に登用される可能性の低さにあり、非正規の雇用形態に留まる点にある。

筆者が働き始めた二〇〇一年七月にはおよそ三三〇〇人が、退社直後の十二月には四一〇〇人が期間従業員として雇われ、その後、増加の一途をたどった。〇三年に六〇〇〇人を超え、〇四年の四月には八五〇〇人が働き、〇五年に初めて一万人を突破し、〇六年以降、一万人超の高止まり状態が続いた。非正規労働者の現場比率は三割を超え、職場によっては半数以上を占めた。筆者の配属先も同じような状況であった。

加えて、派遣労働者も活用するようになった。〇四年三月一日に「改正労働者派遣法」が施行されたのを機に、同年四月、手始めに五〇〇人ほどの派遣労働者を受け入れた。同年十月、およそ一〇〇〇人の派遣労働者がトヨタで働く。

ところが、二〇〇八年の後半、金融不安に端を発する不況により社会全体で「非正規切り」が大々的に行われた。トヨタもただちに、九〇〇〇人いた期間従業員をゼロにする方向で調整に入った。しかし、エコカー需要、増税前の駆け込み需要などにより生産が回復し、すぐに期間従業員の雇用が再開された。二〇一四年七月現在、非正規社員の人手不足により、自動車会社は「人材獲得競争」に追われている状態にあるという。[*6]

## 2 労働者の「一体化」

トヨタも非正規労働者を多数活用していることがわかったが、では、強い労働者統合の労務施策は彼らにも適用されているのか。以下、職場の人間関係、持ち場とライン外活動、職場空間の管理、寮生活などを具体的に検証して、労働者の一体化管理の実態をみていこう。

### (1) チーム・コンセプト

現場は組単位で運営され、組は正規労働者と非正規労働者の両方で構成されている。組の全構成員は、チーム単位で行動することが多い。仕事前、現場内に建てられたプレハブに集まり、ラジオ体操を待つ。皆で体操をした後、プレハブの中で朝の会議を行う。仕事の合間にはほぼ全員がプレハブで小休憩をとる。仕事が終わるとプレハブ内で一服する。ＱＣサークルや品質会議などもプレハブで開かれる。組の全構成員は、プレハブを「根城」として行動を共にし、非正規労働者も正規労働者と同じく「チームの一員」として扱われる。

もっとも、チームの一員だからといって、期間従業員を含む平の労働者に何らかの権限が与えられているわけではない。大方の者は「上」からの指示を仰ぐだけであり、チームの運営には全く関わらない。それにもかかわらず、誰もがチームの一員としてできるだけ行動を共にするようにフォーマル・インフォーマルの圧力を受けるのである。

作業場内も、正社員と非正規社員の間に明確な仕切りは存在しない。請負工程のように、非正規労働者の専用ラインが設けられているわけではなく、期間従業員は正社員と一緒に働いている。

職場によっては、従業員が組内で持ち場を替え、期間従業員の中にもそれに加わる者がいた。筆者は、検査・梱包ラインの運搬と組付ラインの補助をその時々で命じられ、それぞれの工程内でも頻繁に作業を替えられた。

## (2) 作業場とライン外活動

期間従業員は、QCサークルや「提案」にも参加した。QCサークルは、月二回、通常業務の後に一時間程度開かれた。期間従業員も含めて全員が参加した。残業手当が支給される。「提案」は、月に一回、提出を求められた。こちらも全員義務である。「提案」には二種類ある。一つが「創意くふう提案」であり、もう一つが「ヒヤリ提案」である。前者は、フォーマットに則った通常のカイゼン活動であり、後者は、自分の工程内の危険な所ややりにくい作業を指摘する提案である。「創意くふう提案」の提案者は、カイゼンのレベルに応じて五〇〇円から二〇万円の賞金をもらえる。

トヨタの非正規労働者は、正規労働者と同じように配置換えやライン外活動に加わっていたのである。ただし、活動の内実をみると、「参加」という表現にはほど遠いことがわかる。

配属先の配置換えは、決まったルールに則って行われるわけではなかった。ノルマが増えて一時的に補助者が必要になった時、年休者が出た時、新人が担当作業に合わない時などに、その都度、上司が適当な労働者に持ち場を替わらせていた。労働者を不規則に動かすことができれば、職場運営の柔軟性が増す。その原理を期間従業員にも適用していたのである。期間従業員の中にも、組内でそして組をまたがって、さらには工場間で異動させられた者がいた。不規則な配置換えは、技能を高めたり、特段やる気を高めたりするわけではない。このことは、正規労働者にもあてはまるだろうが、とりわけ短期間で会社から去る期間従業員にとって、不規則な配置替えは負担以外の何物でもない。

ライン外活動も、「参加」とは名ばかりである。ＱＣサークル中、期間従業員は全くと言っていいほど発言をしない。終了時刻をひたすら待っている。ＱＣサークルは、正規労働者の中でもごく一部の人だけで運営されていた。「提案」についても、期間従業員は締め切り直前になってむりやり捻り出していた。それでもまだましな方であり、締め切りを過ぎて催促されない限り出さない人や現場管理者から「ネタ」をもらって書いている人もいた。期間従業員はカイゼンの教育を受けていない。参加しようにも、カイゼンの基礎が身に付いていないのである。

大多数の期間従業員にとって、不規則な配置替えは負担であり、ライン外労働は参加にはほど遠い。それらの労働慣行は、技能形成や職務満足に結びついているわけではない。しかし形式的であっても、管理者は期間従業員と正規労働者とを「同等」に扱うことにこだわっていた。

### (3) 職場空間の「視える化」

管理者は、正規と非正規の労働者の間の壁を取り払い、労働者内の風通しを良くする。この原理を、人間関係にだけでなく、職場の物理的環境にも適用している。トヨタは工場の「視える化」を進めてきた。整理整頓、ゴミの分別から始め、作業過程や機械設備を簡素化し、工場内のあらゆる環境を可視化してきた。

職場環境の「視える化」の一例を挙げよう。通常業務中、グループのリーダーは職場構成員の「根城」

となるプレハブで事務作業をしていることが多い。そのプレハブの壁は大きなガラスで覆われているため、現場にまで足を運ばなくても、構成員の作業状況を見渡すことができる。「視える化」は、見る側だけでなく見られる側にも施されている。検査・梱包ラインは、部品を塵やほこりから守るために、職場全体がビニールで覆われている。そのビニールを透明にすることにより、職場の外部からもひと目で検査・梱包担当者の勤務態度や運搬作業の進捗状況を把握することができる。

「視える化」の原理は作業過程や作業結果にも適用されている。そのおかげで、工場のフロアを表面的に見渡せるだけでなく、持ち場の内側にまで眼差しを入り込ませることができる。

作業過程の「視える化」により、作業者の一つひとつの動きが「正常な動作」かどうか、傍目からも判別可能になる。作業過程を簡素化すると、トヨタ用語でいう「ムダ」が目につきやすくなり、その「ムダ」を削り取ることで、いっそう作業過程が見えやすくなる。トヨタでは、この循環がシステム化されている。このような環境下で働く労働者たちは、働いているふりをしながらさぼることが困難になる。

作業結果の「視える化」は、責任の所在を明確にすることにつながる。例えば、組付部品の検査担当者は、自分の名前をチェック済みの部品に記入しなければならない。搬入先で不良品が発見されると、その都度、不良箇所を撮影した写真とその理由が書かれた詳しい報告書とが担当部署に届けられる。不良情報は職場のコンピュータに逐一入力される。これは一例にすぎないが、作業結果の「視える化」は担当者に責任感を植え付ける。

トヨタは、「視える化」を通して、労働者の持ち場、仕事ぶりや所作、作業結果を他者の眼差しにさらす。「視える化」が徹底された職場では、管理者の眼差しと織りあわさった「同僚の眼差し」を労働者は意識させられる。かくして、職場構成員は相互監視の下に置かれる。現場の「末端」に位置する労働者であっても、他者の眼差しから逃れられず、トヨタの規律を植え付けられるのである。

### （4）現場管理者による「ケア」

現場の管理者は、正規と非正規の区別なく労働者の面倒をみる。

期間従業員が職場に配属されると、管理者は工場および工程の概要や組の運営の仕方を一通り説明する。グループリーダーが担当作業を割り当て、その下に位置する班長クラスか若手のリーダーが仕事のやり方を教える。一定期間経過して、「こいつは大丈夫」と判断すると、管理者が直接監視することは希になる。ただし、いつまで経っても求められる作業スピードに間にあわなかったり、不良品を流したりする場合には、持ち場を替えることもある。現場の管理者は、職場の人間関係がうまくいかない期間従業員の相談にものっていた。

管理者によるケアの仕方は、個人差が大きいだろうが、配属先では、非正規労働者に対してもまめに声をかけていた。現場監督者と非正規労働者とのコミュニケーションは、一方で、非正規労働者が抱える悩みを早めに察知し、深刻化する前に問題を取り除くことを可能にし、他方で、強制や命令という形をとらずして、経営側の意図を「末端」にまで浸透させることができる。

### （5）寮での共同生活

期間従業員は、実家から通える人を除き、入寮を義務づけられていた。筆者は、七〇〇名近い労働者が住む寮に入った。寮では正社員と期間従業員とが一緒に生活を送り、全員が「トヨタマン」として扱われる。

寮生活をおくる労働者は、定時に会社の循環バスに乗り、寮から工場へ向かう。仕事が終わると、再びバスに乗り、寮にもどる。この繰り返しの毎日である。食事は、寮と工場の食堂ですませる人が多い。寮で生活をおくる労働者たちは、生活習慣から部屋の使い方まで事細かく指導される。そのため、煩わしいと感じる人もいれば、最低限の生活は保障されるので気楽だという人もいるが、いずれにせよ、工場内外のすべての生活にトヨタが入り込み、四六時中トヨタを意識するようになる。

### (6) 正社員への登用

非正規労働者には、正社員になるチャンスが与えられている。導入研修時の話によれば、六カ月以上の勤務者は、上司の推薦があり、かつ本人が希望する場合に、「準社員試験」を受けることができる。「準社員試験」は面接試験と筆記試験(一般常識)からなる。準社員期間(三カ月)中に登用試験(面接)を受け、合格すれば、正式に正社員になる。試験の合格率は、市場動向などにより変わるようだが、一般的に非常に低いと聞く。働いていた当時は、受験者のうちの一割から一割五分であり、厳しい競争になるという話だった。合格者の平均年齢は二十三歳くらいである。確率でいえば、正社員への登用はほとんど期待できないが、若い期間従業員の中には、半ば諦めながらも、登用を強く意識しながら働いている者が少なからずいた。

組織への労働者統合が強いと言われてきたトヨタは、正社員と同様に非正規労働者も会社と一体化させようとしていることがわかる。できる限り正規社員と非正規社員とを同じように行動させ、職場空間や人間関係の仕切りを取り除こうとする。もっとも、一般の正社員を含む大方の労働者には職場運営の権限は与えられず、「参加」は内実を伴わない。全労働者が会社をもり立てているというトヨタの現場像は誇張である。しかし、可視化された職場内では、管理者の眼差しと正規・非正規の労働者の眼差しが織りあわされた「同僚の眼差し」が遍在し、互いに強く意識しあう。従業員どうしの相互意識は、「助け合い」に繋がることもあれば、逸脱行為の相互牽制を生むこともあるが、いずれにせよ、経営側の意向に反しない形で行動するように促され、そして自らが他者を促すようになる。かくして工場のフロアにトヨタの規律が行き渡る。

トヨタ本体は、非正規労働者の活用に際して、工程の一部を丸ごと外部に委託する業務請負の利用には消極的であり[*7]、直接管理下に置ける期間従業員を多用してきた。この事実からも、現場の「末端」レベルまで管理を徹底しようとしていることがわかる。

## 3　正規労働者と非正規労働者の格差

トヨタでは、誰もが「トヨタマン」としての自覚と行動を求められる。とはいうものの、正社員と非正規社員との間には明らかな差がある。正社員は入社段階で厳しい選別をくぐり抜け、社内で複数の仕事を経験しながらキャリアを積み上げていく[*8]。トヨタ社員の賃金の高さは有名である[*9]。非正規労働者の処遇はそれらとは異なる。以下、非正規労働者の採用のされ方、担当作業、賃金をみていこう。

### (1) 採用のされ方

期間従業員の応募条件に特別な点はない。十八歳―四十五歳の年齢制限があるだけで、学歴や経験は全く問われなかった。なお、二〇一四年十月現在の条件は、「三カ月勤務可能な満一八歳以上の方」となっている。

応募者は、履歴書を携えて各地域の面接会場へ向かう。面接では、トヨタで働きたい理由、大きなローンの有無、入れ墨の有無などを聞かれた。指が一〇本あり、きちんと曲がるかどうかを確認され、「これまでの職場で、ほかの人たちと打ち解けるために、どんなことに心がけてきたか」について質問された。

面接はごく簡単なものであり、特定の能力を見極めている様子はなかった。期間従業員に要求されることとして具体的に述べられたことは、「協調性」と「きつい労働に耐えること」だけである。その日の夕方に内定の電話がかかってきた。

期間従業員の選考は形式的であり、とりたてて問題がなければ誰でも採用してもらえるという印象を受けた。ただし、この段階はまだ内定にすぎない。導入研修時に実施される健康診断にパスしなければ、正式の入社は認められない。

健康診断では、体の隅々まで検査される。身長、体重、体脂肪率、視力、聴力、握力、背筋力、レントゲン撮影、尿検査、血液検査、心電図、問診、指の動き、バランス感覚、足の裏まで調べ上げられる。それぞれの項目で「規定値」から外れた者は、正式の入社を許可されない。導入研修に参加した同期（三〇〇人弱）のうちの約一割が、工場に足を踏み入れる前に地元に帰された。

正社員には、一般常識、健康体、基礎学力、そしてなによりも社会（会社）への順応性が求められる。期間従業員の場合も、あからさまに「反社会的」「非協調的」な人は排除されるが、職歴や技能は全く問われない。厳しい労働に耐え得る「頑強な体」だけが絶対条件となる。入社に至る選別の仕方の違いから、正規と非正規の労働者に求められる資質の違いは明らかである。

## （2）担当作業

工場内にはさまざまな工程がある。鋳造、鍛造、機械加工、組付、組立などがあり、同じ工程内でも多様な作業がある。

直接製造部門の労働は、大別すると、ライン内作業とライン外作業とに分けられる。ライン内作業とは、いわゆる流れ作業であり、単純な反復作業である。コンベアラインの作業もあれば、機械操作や運搬作業など、コンベアに直接的には統制されない作業もある。ライン外作業者は、ライン作業者を補助する役割を担い、原材料の補充、工程や作業動作の簡単なカイゼン、管理業務などを行う。期間従業員は、前者のライン内作業を任される。

筆者の配属先の組は、組付ラインと検査・梱包ラインを担当していた。後者は、組付ラインから組付済の部品を運び込み、あるいは他組で機械加工された部品を洗浄機で熱処理した上で運び入れ、両方の部品を検査・梱包して出荷の準備をする。筆者は、それらの作業のうち、洗浄周りの運搬係を割り当てられた。組付ラインは、四つの独立した機械で構成される。通常は、各機械に一人ずつ配置されるが、生産量が多くなると、二人（組付と組付補助）で担当する。ノルマの達成が厳しくなった時、筆者も補助係にかり出された。

ライン作業はいたって単純である。標準化された動きを繰り返すのみである。作業の種類に関係なく、早ければ半日で、多少複雑な作業でも三日もあれば覚えられる。全く現場経験がない人でも、トヨタの工場で働くことができる。

ただし、ラインは常に順調に稼働しているわけではない。機械設備が故障してラインが止まることも珍しくない。その対応はどうするのか。機械の保守・保全・修理は誰が行うのか。

結論から先に言えば、簡単な対応はライン外労働者が受け持つ。ラインの外で作業を行っているベテランの正規労働者が、機械の停止などの簡単な異常に対処する。複雑なトラブルの場合には、他組の専門工が対応する。機械を開けて内部を修理するなどの処置がこれに該当する。期間従業員や、「異常処置」の資格を持っていない若手の正規労働者は、機械を直すことはもちろんのこと、機械に触れることさえも許されていない。機械が止まると、稼働部位から離れて、その都度、ライン外労働者を呼ぶ。ボタンを押すだけで再起動する程度の単純な処置でも、絶対に自分で行ってはならない。このルールは、導入研修時に厳しく教育され、現場で徹底されていた。

つまり、異常処置にかんしては、明確な分業が存在する。専門知識を要する複雑な処置は専門工が行う。ルーティン化した単純な対応は自分の組の管理者や若手のリーダーが行う。期間従業員を含むその他大勢は、機械に触れることすら許されていない。期間従業員に求められている仕事は、単純な反復作業だけである。

しかし、ライン作業は、単純な反復作業とはいえ、楽な作業ではない。たとえ決まりきった動きの繰り返しでも、尋常でないスピードを要求されたならば、誰もがこなせるわけではなくなる。

配属先の職場はコンベアラインではないので、タクト・タイム（一個の部品を生産する目標時間）は厳密に決まっているわけではなかったが、組付作業の場合は、一人なら一分ほど、二人なら三〇秒余り、検査・梱包ラインでは、洗浄周りの運搬は三分ほど、検査・梱包作業は約八秒で行っていた。運搬作業の身体的負担は大きく、組付作業や検査・梱包作業のスピードは尋常ではない。作業の種類に関係なく、タクト・タイム内に作業をこなせるようになるまでには相当の時間がかかる。以下、筆者が経験した具体的事例を用いてその実態を示そう。

運搬作業の負担は足にかかる。作業中の歩数を万歩計で計測すると、一日の平均は二万歩を超えていた。歩幅を七〇センチとして計算すると約一五キロ、八〇センチとすると約一七キロ、一日に歩いていることになる。運搬係はもちろん手ぶらで歩いているわけではない。労働負荷はむしろ上半身にかかる。運搬する箱の重さは部品により異なるが、一〇キロから二〇キロの間であろう。それらの箱を一サイクルにつき一〇個前後、台車に積み、台車から降ろして洗浄機にかけ、洗浄機から運び出して検査・梱包前の棚に入れる。ワンサイクルの時間を三分として計算すると、一時間に二〇回、一日八時間労働で一六〇回、その作業を繰り返すことになる。職場に配属されてからひと月ほどの間は、この負担に体がついていけず、運搬作業が遅れがちであった。午後の時間帯はふらふらであり、半ば無意識に作業をこなしていた。

組付作業者にはすこぶる速い作業スピードが求められる。二人でやれば一時間で一〇〇個ほど、上手な人どうしなら一二〇個前後、生産することができる。筆者は、組付補助にかり出された時、全く手を抜かなかったにもかかわらず、九〇個前後しかこなせなかった。求められる作業スピードに、かり出された二週間では追いつかなかったのである。

もちろん作業への適応には個人差がある。しかし、他の職場に配属された期間従業員も似たような状況だった。筆者の知りあいたちは、タクト・タイムに無理なく間に合うようになるまでに、最短でもひと月はかかっていた。

ライン労働の過酷さは、体重の減り方が如実に表している。入社時、一八五センチで七七キロあった筆者の体重は、退社前の三カ月半後、七〇キロを切っていた。同期も軒並み「スリム」になった。六二キロから四七キロへ、一五キロも痩せた期間従業員がいた。

期間従業員は、単純ではあるが高密度のライン作業を担当する。負担の大きさは作業の種類により異なるが、求められる作業スピードはおしなべて速い。期間従業員は、定時内はこのようなライン労働だけに専念していた。

### (3) 賃金

期間従業員の賃金は基本日給と諸手当からなる。以下、筆者が働いていた当時の数字を具体的に示す。

基本日給は就労回数により異なる。一回目は九〇〇〇円、二回目は九五〇〇円、三回目以上は九八〇〇円であった。なお、筆者が働いていた当時は、契約期間は三カ月から六カ月、更新を含めても十一カ月間しか連続で働くことはできなかったが、二〇〇四年一月施行の労働基準法改正により、有期労働契約の期間の上限が一年から三年に延長されたのを踏まえて、後に最長で二年十一カ月まで更新が可能になった。二年目、三年目と進むにしたがい、基本日給もアップする。

就労回数が一回目であった筆者の「賃金支払明細表」をみると(昼食代控除)、ひと月フルに働いた八月分の手取りは一六万二〇〇〇円(出勤十八日、超過勤務一五時間三〇分、時間帯手当勤務六五時間五〇分、深夜勤務二五時間)、同様に九月分の手取りは一七万一〇〇〇円(出勤十九日、超過勤務一二時間三〇分、時間帯手当勤務六七時間二五分、深夜勤務二四時間)であった。これだけだと、手取りはさして高くない。しかし期間従業員には、契約期間を満了すると、「満了慰労金」と「満了報奨金」とが支給される。

満了慰労金とは、契約期間を満了した労働者に、契約期間に応じて支給される手当てのことである。三カ月以上には一日あたり五〇〇円、四カ月以上には七〇〇円、五カ月以上には一〇〇〇円、六カ月には一五〇〇円であった。この金額×出勤日が、満了慰労金として支払われる。おおよその総支給額は、三カ月以上で三万円、四カ月以上で五万六千円、五カ月以上で一〇万円、六カ月で一八万円である。現在、六カ月よりも長く働くことができるが、その場合には受給額はさらに増える。

満了報奨金とは、契約期間を満了し、かつ、欠勤・遅刻・早退のない期間従業員に支給される手当てのことである。一日につき千円であり、月に二十日間働くと、二万円が支払われる。ただし注意すべき点がある。それは、一日でも欠勤・遅刻・早退があった場合には、その「日」だけでなく、その「月」の報奨金が全く支払われないという点である。風邪などの「正当な理由」があっても、欠勤扱いになる。

契約期間を満了すれば、月ごとの賃金に加えて慰労金と報奨金とがもらえ、それなりの金額を手にすることができる。筆者は、面接時に「三三万七〇〇〇円～三一万二〇〇〇円」と書かれた資料をみせてもらった。この金額は、就労回数や契約期間などの条件を満たした人が、期間を満了した場合にのみ手に入れられる総額を月で割った額である。期間を満了できれば、それなりの金額を得ることができるが、途中退社すれば、さして条件が良いとはいえない。

期間従業員は、契約途中で退社したら、高いとはいえない賃金に甘んずることになるが、契約期間を満了できたら、非正規労働者としては比較的高い金額を手にすることができる。正社員と比較すると、若手の給与（ボーナス込み）と同じくらいの金額と推測される。筆者と同じ工場に配属された同期（四三名）の平均年齢は、およそ二十八歳であった。同年齢の正社員と比べると賃金に差があり、年をとればその差は開く一方である。

以上、非正規労働者の選考過程、担当作業、賃金の実態を明らかにした。トヨタの期間従業員に求められる応募条件はほとんどない。明らかに「反社会的」・「非協調的」な人は除かれるが、体が丈夫でありさえすれば誰でも良いという印象を持った。単純だがきつい労働に耐え得る身体が絶対条件であり、現場に入ると、高密度の単調作業が待っている。そのような労働を、他社の非正規労働者に比べて相対的に高い賃金が報いる。これは、まさにフォーディズムの原理である。

ポスト・フォーディズム論で評価されていた点の一つが、長期的なキャリア形成であった。若い頃は単純なライン労働を担当するが、ゆくゆくはライン外の複雑な労働を任され、技能を高めていく。同一企業内のキャリアアップが評価されていたのである。正社員の技能の形成については、別途、詳しい分析が求められるが[*10]、正規労働者は、十年以上、過酷なライン労働を辛抱できれば、ラインの外に抜け出せる可能性はある。それに対して、期間従業員は社内で長期的なキャリア展望を持つことはできない。非正規労働者の層が厚くなれば、単調なライン作業だけに専念する労働者層と相対的に複雑な労働を任せられる労働者層とに厳然と分けられるのである。

## 4 「一体化」と格差が交叉する場

トヨタの期間従業員は、正規労働者と同じように行動しても、賃金が低い。他社の非正規社員と比べれば相対的に労働条件は良いが、社内で働き出すと比較の対象はトヨタの正社員になる。期間従業員が、とりわけ年齢が高い期間従業員が不満を抱くようになることは容易に想像がつく。期間従業員が少ない時は、あるいは正社員への登用が当たり前であった時代は、不満を抑え込むことができたかもしれないが、ここまで期間従業員の比率が慢性的に高くなると、格差を取り繕う「一体化」の手法にも限界が目立つようになった。

もっとも、非正規社員が増えたからといって、職場の日常では、露骨な反発やあからさまな怠業を目にすることはほとんどない。生産ラインは流れているし、労働者は割り当てられた作業を黙々とこなしている。期間従業員がラインの半数を占めても、傍目からは深刻な問題は感じられない。しかし、現場の内側に入って労働実態を見ると、必ずしも「うまくいっている」とは言えないのだ。

非正規労働者の増加の問題として、しばしば技能伝承の困難さが取りざたされるが、ここで指摘する点はもっと「些細な現象」である。現場の外の人は気付かないであろうし、非正規労働者本人も自覚がないかもしれない。それぐらい目につきにくい現象であるが、トヨタの競争優位の根幹を揺るがしかねない深刻な問題をはらんでいるのである。

### (1) 集団行動が苦手、他者意識が希薄、コミュニケーションが不得手な非正規労働者

先にみたように、トヨタでは従業員を「一体化」させる圧力が強いが、遅かれ早かれトヨタから出ていく期間従業員は、正規労働者と比べればトヨタに対する思い入れは弱い。期間従業員にトヨタで働く理由をうかがうと、ほとんどの人は「手っ取り早くお金を稼ぐため」と答えた。このような動機で働く期間従業員にとって、密な人間関係を強要するトヨタの管理は、時として煩わしく感じられ、かえって反発を招くことがある。

期間従業員の中には、もともと集団行動や規律が苦手であり、コミュニケーションに消極的な者が多いように感じられた。このような態度やメンタリティは、それまでの教育過程によるところが大きい。知りあいの期間従業員の半数近くが高校・大学の中退者であり、トヨタに来る直前まで半ば引きこもりだった

人もいた。非正規労働者の中には、もともと「一体化」の管理にそぐわない人が多く、時として他者との間でトラブルが発生していた。

ただし、人間関係のトラブルは、非正規労働者にだけ原因があるわけではない。新卒採用の正規労働者は、トヨタ以外に常勤の経験がなく、トヨタの規則や行動規範を絶対視しがちである。このことは、他社で働く新卒社員にもあてはまるだろうが、とりわけトヨタの社員は、「一体化」の圧力を強く受け、締め付けが強い職場で働くため、会社の規則や規範に囚われやすい。彼ら・彼女たちは、入社後、トヨタのルールに則って「うまくやっていく」能力を身につけていく。しかし、それは閉ざされた空間に限定された能力であり、そのような能力を高めれば高めるほど外部から入ってきた人たちを受け入れたり、「異質な者」とやりとりしたりする能力が低くなる面がある。

それに対して、非正規労働者の多くは、トヨタに来る前に複数の会社で勤務経験があるため、各会社にはそれぞれ固有な文化があり、社会には多種多様な人がいる、という当たり前のことを体験的に理解している。一時的に身を寄せる会社を、そして働く場の規範を相対化する傾向が強い。

トヨタの働き方を絶対視しがちな正規労働者と、それを相対化する傾向が強く、人によってはもともと人付きあいや規律が苦手な非正規労働者とが同じ空間を共有し、半ば強制的にコミュニケーションをとらされれば、人間関係のトラブルが生じるのも不思議ではない。非正規労働者の増大により、トヨタの「一体化」の管理は、その意図に反して、トラブルを生む原因になっているのだ。

### (2) 気が利かない労働者、品質へのこだわりが乏しい労働者

非正規労働者の増加に伴う問題は人間関係上のトラブルにとどまらない。生産活動を行う上での妨げに

もなっているのである。

トヨタのノルマは非常に厳しい。定時内でやり遂げることは事実上、不可能である。それほどまでにきついノルマを達成するためには、ライン労働者は、できるだけ速く生産できる方法を開発したり、カイゼンにより仕事をやりやすくしたりしなければならないが、それらに加えて、ちょっとした「機転」や「助け合い」が必要となる。

トヨタでは、中間在庫は最小限に抑えられている。トヨタ用語でいう「ムダ」の排除である。したがって、機械の故障などで僅かな時間でもラインが滞ると、自分の工程が困るだけでなく、前後の工程にも「迷惑」がかかる。筆者の配属先は、コンベアラインのように工程間が完全に同期化されているわけではないので、ライン全体がすぐに滞るわけではないが、完全に独立しているわけでもないため、すぐに対応しなければ追々他の工程にも影響が及ぶ。このような環境下で働くライン労働者は、小さなトラブルが生じた場合、その都度、柔軟な対応が求められる。例えば、運搬のサイクルを待たずに自分で前工程に部品を取りに行ったり、後工程の人に頼んで優先的に部品入れの空き箱を作ってもらったりする。

これらの「機転」や「助け合い」は、職場の「暗黙のルール」であり、配属時に現場管理者から公式的に教えてもらうわけではない。同僚の指図や無言の圧力を受けて、次第に身につけていく類のものである。

ところが、期間従業員の中には、職場の暗黙のルールに従わない者がいる。職場の「空気」を読もうとしない（読めない）からか、あるいは「余分な仕事」をしたくないからか、言われたことしかやらない者がいる。しかし、「最低限の仕事」しかやらなくても、逸脱行為を働かせているわけではないので、叱責の対象になるわけではない。が、他の労働者に「迷惑」をかける。ここに、職場運営上の難しさがある。

このような人が少数の場合は、圧力をかけて「悟らせる」ことが比較的容易であり、他の人がカバーして事なきを得ることもあるが、あちこちでトラブルが多発するようになると、正規労働者も「やってられなくなり」、職場全体が諦めムードになる。

ライン労働者に求められていることは、部品を速く作ることだけではない。たとえ定時内に指定の個数をこなしても、不具合品が含まれていれば、ノルマを達成したことにはならない。作業をする上で最も重要なことは品質である。ほとんどのライン労働者にとって、高品質な部品を作ることとは、精巧な部品を作り上げることではない。「誤品・欠品」を流さないことである。検査作業は標準化されており、特別な能力が必要なわけではない。しかし、どれほど細かく作業を標準化しても、目視による品質の判定には必ず曖昧さが含まれる。そのために、品質の差とは、最終的には「労働者の質」の差に行きつくのだ。感覚的な表現をすれば、疲れた時に「もうちょっと頑張るか」と思い止まるか、それとも「面倒くさいから流してしまえ」と開き直るか、そのほんの僅かな辛抱の差が品質に大きな差をもたらすのである。

トヨタの職場では、人間関係や職場フロアが可視化され、他者の眼差しが行き渡り、その辛抱強さが生み出されてきた。気のゆるみを正す機能を他者の眼差しが果たしてきたのだ。ところが、そのような監視システムは、あくまで他者の眼差しを気にすることを前提として成り立つシステムであり、そもそも他者の眼差しや評価をあまり気にしない労働者が増えると、職場の相互監視システムは機能しにくくなり、場合によっては破綻する。それまでの教育システムや企業システムで「矯正」される度合いが低く、またトヨタで長く勤めるつもりはない非正規労働者が増えると、その傾向が強まる。

不良品を流しても「恥」とは感じず、ノルマを達成できなくても「大したこと」ではなくなる。当時、トヨタで働きながら強く感じた現場の綻びは、図らずも、リコールの頻発という形で証明されることになった。

## (3) リコールの頻発

トヨタの「強み」である品質の信頼性を揺るがす大規模なリコール(回収・無償修理)が頻発するようになった。いくつかの事例を挙げると、二〇〇五年、ライトのスイッチ部品に不具合が生じて約一二七万台、二〇一一年、燃料漏れの恐れから約一二〇万台、二〇一二年、ハンドルに不具合があり約一五二万台が、リコールの対象になった。これらは、一度のリコールとして日本の自動車産業で最大規模である。二〇一四年には主力製品のプリウスがその対象になり、約九九万台と一車種で過去最多であった。高品質が売りの高級車ブランドのレクサスも、リコールの対象から免れない。一万一一〇九台(〇五年七月〜同十二月製造)の乗用車のシートベルトに製造不良が見つかり、国土交通省に届け出た。[*11]

リコールの多発は、非正規労働者の増大だけが原因ではない。設計部門にも一因があるだろうし、多車種の部品共有や三菱のリコール隠しによる影響も無視できない。共有する部品が多いほど、トラブルが発生した時の「被害」は大きくなるし、企業存続の危機にまで追い込まれた三菱の事例は、早めに公表する教訓になっている。しかし、かつてのトヨタなら考えられないような単純なミスが現場レベルで発生していることは確かであり、非正規労働者の増大もその一因であることは想像に難くない。[*12]

非正規労働者を会社や職場に統合しようとする管理は、一方で、皆を「トヨタマン」として扱い、従業員間の棲み分けを妨げるが、他方で、一体化を好まない労働者が増えた現状では、軋轢を生んでいる。また、職場内外の可視化のシステムは、フロアの隅々まで「眼差し」を生み、相互監視と「助け合い」を労働者に促すが、そもそも他者への意識が希薄な人が多くなると、そのようなメカニズムは機能しにくくなる。非正規労働者が急増したトヨタの現場では、それぞれ後者の側面が強まっている。

ただし、非正規労働者にかんして一言付け加えると、皆が皆、社内の「空気」を読まないわけではない。むしろ、正社員への登用を意識し、正社員よりも勤勉な（姿をみせようとする）者もいた。しかし、トヨタのシステムは、「一体化」を生み出し、そして「一体化」を前提にして細部を作り込んできたシステムであるが故に、たとえ少数であれ、ちょっとした「気配り」や労働者どうしの「配慮」が欠けると、機能不全に陥りやすい。このような「弱さ」を抱えているのだ。

また、これらの「弱み」を現場で繕ってきた管理者側の限界も看過できない。トヨタの売上高および組織は急拡大し、トヨタの現場の「中核層」の求心力は弱まっている。積極的な海外進出に伴い、多くの現場管理者が海外に派遣され、国内の現場は「空洞化」する傾向にある。筆者が働いていた時にも感じたが、後日、何人かの管理監督者層に話をうかがうと、現場労働者の出世意欲はさほど高くないようだ。その理由は、管理業務を負担に感じているからである。[*13] この状態に、団塊の世代の大量退社が追い討ちをかけた。現場の求心力は明らかに弱まっている。

トヨタの経営陣も、この事態を深刻に受け止めていた。筆者は、二〇〇五年の十月にトヨタの工場を見学した。その時に、非正規労働者の増加の問題について、広報担当者ですら次のように語っていた。「現場はぎりぎりの状態にあり、爆発する限度を探っている」。筆者が働いていた当時、既にその兆候が現れていた。その後、期間従業員が膨れあがり、状況はもっと深刻化したであろう。

世間一般で、また研究者の間でも、トヨタの現場は基本的には「うまくいっている」と評価されてきた。トヨタの圧倒的な好業績がその評価に説得力を与えてきた。しかし、現場管理の構造は変わらずとも、現場内外の構成要素がわずかに変化しただけで、働く者が置かれた文脈が大きく変わることがある。「強み」を生み出してきた管理の構造が、「弱み」を抱える構造へと一変することがあるのだ。現在のトヨタでは、「一体化」と格差の狭間に置かれた非正規労働者が多くなり、組織の「末端」において、トヨタの管理の図式に乗らない労働者が目立つようになった。

## おわりに

トヨタはポスト・フォーディズム論でしばしば取り上げられ、現場労働者の質の高さが評価されてきた。二十一世紀に入り、短期雇用者を大量に雇い入れているが、彼らにも職場への「参加」と組織との「一体化」を求めている。ＱＣサークルやカイゼン活動に関わらせ、配置換えに加えるところもある。職場では全構成員が行動を共にし、工場外では正規と非正規の労働者が同じ寮で生活を送る。労働者を一体化させようとする管理は、労働者どうしの結束力を高め、経営側の意向に沿う形で「助け合い」と相互牽制とを促してきた。

しかし、「末端」の労働者の「参加」や「一体化」は形式的である。職場運営の権限は与えられず、正社員との処遇の差は明白である。非正規労働者数が慢性的に高止りすると、「一体化」と格差の「巧みな併用」の綻びは隠せなくなった。会社への忠誠心や他者への意識が乏しい労働者や、そもそも集団行動や規律を苦手とする労働者が多くなり、相互監視システムが十全に機能しなくなり、トヨタの競争優位の根幹をなすといわれてきた現場における品質の作り込みが弱体化しているのだ。

もっとも、経営者はこの状態に手をこまねいているわけではない。期間従業員の雇用期間の延長限度を延ばしたり、正社員への登用数を増やしたり、系列メーカーに即戦力として期間従業員を紹介したり、定年者の再雇用数を増加したり、職場のコミュニケーションの重要性を再教育したり、現場を強化するためにチーム・リーダー制を導入したりするなど、さまざまな手を打ってきた。いずれにせよ、これらの対処自体、現場の綻びが大きくなったことの証である。

筆者は、トヨタだけが現場に問題があると言いたいわけではない。「強い現場」が高く評価されてきたトヨタ本体ですら、働く場に軋轢や葛藤を抱え、現場が弱体化していることを指摘したいのであり、本体ほどには管理が徹底しないトヨタのグループ企業や取引先は、ましてや「現場軽視」の他の日本企業は、もっと深刻な状態になっていることを危惧しているのである。

第六章

# 「キャリア」ブームに煽られる人たちへ

## はじめに——増殖する「自己啓発本」

戦後の日本社会は、家庭、学校、会社の各制度が補完しあい、安定的に発展してきた。前章までの議論で明らかなように、ミクロの場にまで降りて各制度内の実態を検証すれば、このような単純な社会像には異論があるが、働くことに限定していえば、右肩上がりの経済成長を謳歌した時代であり、労使の対立、労働者間の格差、働く場における抑圧的な雰囲気などは問題視されにくかったのである。

ところが九〇年代に入ると、各制度内の「異変」と制度間の「齟齬」は隠しようがなくなった。結婚しない人・結婚できない人・離婚する人が増え、「専業主婦」が夫の面倒と子どもの世話をみる近代家族像は修正を余儀なくされる。学校では学級崩壊や陰湿ないじめが常態化し、不登校者や中退者が増加し、学校から会社への移行システムが機能しにくくなった。産業界では高度経済成長を支えてきた「日本的経営」に否定的になり、従業員を組織に抱えないことを公言する会社が評価されるようになった。

社会制度の機能不全に直面し、新自由主義的な社会政策をその原因とみなす者もいれば、反対に、改革の処方箋として提示する者もいる。いずれにせよ、「バブル経済」の崩壊以降、「選択の自由」と「自己責任」の原理に基づく競争を促す動きが強まったことは確かである。しかし、ここ二十年間を振り返ると、企業業績が上向くことはあっても、雇用環境は改善の兆しすら見られない。「働く貧困層」、働きたくても働けない人、社会的に排除された人が目に見えて増加し、貧富の差が拡大している。

マスメディアや就職産業は雇用の不安をかき立て、市場社会での生き残りを煽る。ニート、フリーター、引きこもりなどの社会問題を抱える教育界は、若者に「雇用される力」の形成を説く。筆者は、雇用促進のための支援や提言を否定するわけではない。しかし、働く意欲を鼓舞したり、雇用に結びつく「能力」の形成を個人に迫ったりするだけでは、働くことを切に願う人は気まぐれな言説に振り回されてばかりであると考えている。

この章は、雇用環境の悪化に対して「能力」の形成の視点から解決を迫る昨今の議論をいくつか紹介し、それらの問題点を浮き彫りにする。

## 1　組織や階層に縛られない働き方――「組織人」から「自由人」へ?

「バブル経済」が弾け、日本経済が長い低迷期に入ると、いわゆる「日本的雇用慣行」に対する評価は否定的なものに変わった。終身雇用や年功序列は批判の対象になり、「多様な働き方」が推奨されるようになった。この変化を主導した財界や企業の目的は、雇用の更なる「柔軟化」と労務コストの大幅な削減にあったが、財界や経営者、そして経営コンサルタントは、こぞって、旧態依然とした大規模な官僚制組織からの「自由」の側面を強調し、働く者の「個性」や「創造性」の発揮といった魅力的な言葉を連呼した。このような論調は、「バブル経済」の末期には既にみられた。

いまや時代は変わった。競争市場で勝ち残るためには、そして「投機化」する社会に乗り遅れないためには、「個性的」であり、過去の「常識」に囚われず、「先見力のあるネアカ人間」にならなければならない。今後は多品種少量生産の時代になり、大企業ではなく中小企業が活躍する時代になるから、自己保身の「サラリーマン」は辞めて、どこの会社に行ってもかけがえのない戦力として扱われる「ビジネスパーソン」になるべきである。[*1]後ろ向きの「減点主義」がはびこる組織、「自分を活かせない会社」は捨てるに限る。現在の自分を否定する勇気を持ち、自分に投資し、「知的ホワイトカラー」になれ。[*2]これからは、「学歴も年齢も関係ない。日本人も外国人も関係ない。男も女も関係ない。それぞれが、それぞれの持ち味に応じたポジションで力をフルに発揮し、連動させ合」う社会になる。[*3]

　このように、大規模組織の歯車にならず、学歴・性別・国籍は関係なくなり、年功的な序列に組み入れられず、仕事は会社にいる時間の長さではなく結果で評価されるようになると、将来の働き方を予見する言説が増えた。自分の「売り」になる「専門性」が必要であり、「即戦力」にならなければならない。このような論調が広まり、資格取得がブームになり、「自分に投資」という言葉が流行った。情報通信機器が場所や時間の制約から働き手を「解放」するとして、「自由な働き方」、「創造的な仕事」、「実力主義」を勧める風潮が強まった。「仕事」と「遊び」の境界は曖昧になり、「仕事」はもはや苦役ではなくなる。自らが起業家となり、会社を上場させて、大金を手にすることができる。「自由な働き方」を奨励する議論は、言葉の通り多様であるが、旧来の組織や序列に囚われないことを好意的に評価する点で共通する。

　実際に、勤め先を変えたり、働く場や時間を自分で決めたり、自ら起業したりして、組織や規則の束縛から逃れた働き方を謳歌する人が出てきた。ライブドアの元社長である「堀江モン」のような若い経営者の豪奢な暮らしぶりや奔放さは、世間の関心を大いに集めた。[*4]そこまでの経済的成功は望まなくても、「やりがい」や「生きがい」を求めて独立する人、[*5]「知的な仕事」を自ら創り出す人、[*6]自分の資産を投資してやりくりする人[*7]、場所や時間を制約されず現代の「遊牧民」のように働く人[*8]、インターネットを駆使して古本販売やオークションで生計を立てる人など、個をベースにして自由に働く人がにわかに脚光を浴びた。

これらの働き方は魅力的である。とりわけ若い人たちは強く惹きつけられた。終身雇用、年功序列という労働慣行の下では、労働者は同一企業で働き続けることで見返りを得る。見方を換えれば、入社年次が浅いうちは「下積み」の期間であり、いきなり「大きな仕事」は任されない。ようやく一人前になると、今度は貢献の度合いに比して手にする報酬が少ない期間が続く。一般的に長期のキャリア展望を持ちにくい若い人たちは、とりわけ将来の不確実性が高まる世の中では、組織や序列に囚われない働き方や「やった分だけ報われる」と思わせる評価制度に魅力を感じやすい。

大企業の労働市場は閉鎖的であり、新卒でどこの会社に就職するかが、仕事人生を決定づけるほどに大きな意味を持った。さらにさかのぼれば、「良い会社」に入りやすい「良い学校」に入ることが重要であった。逆に言えば「良い学校」に通えず、「良い会社」に勤めていない人は、安定した高給取りの生活は望めなかった。それが、労働市場が流動化すれば、「逆転のチャンス」が生まれる。社会的評価が高い労働から疎外されてきた女性たちには、「公平な競争」が「社会参加」の機会を増やすという希望を与える。

このように、組織や秩序に囚われない働き方や労働市場の流動化を勧める言説は、若者、中小企業の労働者、女性など、「企業社会」で「周辺」や「底辺」に位置づけられた人たちを惹きつけたのである。

しかし、雇用規制の緩和により実際に生じたことは、「企業社会」で「周辺部」に位置づけられた人たちの切り捨てであった。「周辺部」が「中核層」に入り込んだわけではなく、後者が縮小され前者が拡大される形で景気の変動に対する調整弁がより柔軟になったのである。その結果が、希望しない非正規雇用者の増加であり、ワーキングプア層の拡大であり、失業率の高止まりであり、生活保護受給者数の記録的な更新である。そして、厳しい生き残り競争の現実が露わになると、今度は〝自分だけは〟市場を生き抜けるようにと「能力」の形成が煽られるようになるのだ。

## 2　市場を生き抜く力――「生きる力」、「人間力」、「社会人基礎力」

かくして、非正規雇用者、フリーター、ニートが目に見えて増えだしたわけだが、これらの原因とその対策は、雇用調整をした側にではなく、された側に求められた。行政機関は、「生きる力」、「人間力」、「社会人基礎力」などの新しい概念を打ち出しては、これからの「社会」で必要となる「能力」の形成を促し始めたのである。

文部省（現・文部科学省）は、一九九六（平成八）年の中央教育審議会の第一次答申（「21世紀を展望した我が国の教育の在り方について」）の冒頭で、「子どもに［生きる力］と［ゆとり］を」と掲げた。[*9] 新学習指導要領（小学校は平成二十三年四月から、中学校は平成二十四年四月から、高等学校は平成二十五年度入学生から）では、「子どもたちの現状をふまえ、「生きる力」を育むという理念のもと、知識や技能の習得とともに思考力・判断力・表現力などの育成を重視しています」と謳っている。これからの教育は「詰め込み」でも、「ゆとり」でもなく、社会で必要となる「生きる力」を身につけて欲しいという思いで、新しい学習指導要領を定めたと説明している。[*10]

厚生労働省は、若年者雇用問題の解決のためには、経済界、労働界、教育界、マスメディア、地域社会、政府などの関係者が一体となった取り組みが必要であるとの理解を示し、若年雇用問題について国民各層の関心を喚起し、若者に働くことの意義を実感させ、働く意欲・能力をたかめることを目的に、二〇〇五（平成十七）年度から「若者の人間力を高めるための国民運動」を展開している。[*11]

経済産業省は、企業や若者を取り巻く環境変化を踏まえて、「基礎学力」、「専門知識」に加えて、それらをうまく活用する「能力」の必要性を訴え、二〇〇六（平成十八）年に「社会人基礎力」という概念を打ち出した。「社会人基礎力」とは、「前に踏み出す力（アクション）」、「考え抜く力（シンキング）」、「チームで働く力（チームワーク）」の三つの「能力」を柱とし、「職場や地域社会で多様な人々と仕事をしていくために必要な基礎的な力」と定義した。[*12]

雇用する側の企業も、求める「人材像」を積極的に提示するようになった。社会経済生産性本部は、ヒト・モノ・カネの「経営資源」の中で、ヒトが最も重要であるとの理解を示し、「付加価値が溢れる仕事を自ら創造し、実行していくことのできる」という意味での「人間力」を育むことを教育機関に期待する。[*13]ただし、昨今の大学が「就職予備校化」していることには懸念を表明する。「即戦力」の需要やニーズが高いことは認めているが、資格やスキルと呼ばれるものの「専門性」に疑問を呈し、「一年で身につく事柄は一年で陳腐化することではないでしょうか。五年後、十年後も活きてくるような事柄や仕事の仕方はないのでしょうか」と、安易な「専門化」に警鐘を鳴らす。[*14]

では、具体的にいかなる「人間力」を企業は求めているのか。「『人間力』には明確な定義はありません」と述べ、具体的な中身は提示していない。[*15]各社が求める「人間力」の事例を掲載しているが、人材育成の「理念」と社員の「心構え」の紹介の域を出ていない。

## 3　「人間力」論に対する批判と新しい「能力」論

国は就職支援や雇用対策を念頭に置いて、教育機関が育成すべき「能力」を定義づけた。企業は欲しい「人材」を獲得できるように、自分たちにとって望ましい「能力観」を明示し始めた。大衆向けの雑誌や書物でも、「今、求められているのは「○○力」」と銘打った造語が散見されるようになった。

教育社会学者の本田由紀は、意欲、創造性、コミュニケーション能力など、さまざまな「能力」の必要性をうたう言説が氾濫している状況を批判的に検討した上で、子どもや若者の間で「ポスト近代型能力」が重要な要件になりつつあると現状を捉え、その「能力」の質が若者たちを苦しめていると理解する。そして、教育分野の立場から新しい「能力」論を打ち立てようと試みている。[*16]

本田の言う「ポスト近代型能力」とは何か。以下、彼女の説明によると、「近代型能力」の特徴が、「基礎学力」、標準性、知識量、知的操作の速度、共通尺度で比較可能、順応性、協調性・同質性であるのに対して、「ポスト近代型能力」の特徴は、「生きる力」、多様性・新奇性、意欲・創造性、個別性・個性、能動性、ネットワーク形成力・交渉力である。必要能力に変化をもたらした社会的要因は、情報社会化および消費社会化の進行、第三次産業の拡大とサービス経済化である。つまり、社会構造の転換に伴い、求められる「能力」に変化が生じた。そして、求められる「能力」の変化と並行して、人びとを管理する仕組みにも変化がみられる。近代社会とは、人びとを「生まれや身分」ではなく、「資質や能力」に基づいて社会の中に配置し直す仕組み（＝支配的なルール）を整備した「メリトクラシー（業績主義）」の社会であったのに対して、現代社会は、「ポスト近代社会」であり、従来の「メリトクラシー」とは異なる特徴を備える。ただし、「「近代社会」からの飛躍的な転換や変異ではなく、「近代社会」の運動がもたらす必然的な帰結であるにもかかわらず、その母体となる「近代社会」とは異なる特質を備えるにいたった社会」であり、[17]「「ポスト近代社会」において、メリトクラシーは「近代社会」におけるそれよりも、ある種純化された、かつ、より苛烈なかたちをと」る。彼女は、「このような「ポスト近代社会」におけるメリトクラシーの亜種ないし発展形態を、「ハイパー・メリトクラシー」と」名付ける。[18]

「ハイパー・メリトクラシー」の特徴を手短に説明した箇所を抜き書きしよう。「ハイパー・メリトクラシーにおいては、手続き的な公正さという側面が切り捨てられ、場面場面における個々人の実質的・機能的な有用性に即して個々人を遇するという、「業績主義」が本来もっていた意味が前面に押し出される。こうして選抜の手続きという面が後退したことにより、ハイパー・メリトクラシーがその網に捕らえようとする「業績」は、個々人の機能的有用性を構成する諸要素の中で、一定の手続きによって切り取られる限定的な一部分だけでなく、人間存在のより全体、ないし深部にまで及ぶものとなる。言葉を換えれば、従来のメリトクラシーの「たてまえ」性ないしイデオロギー性が希薄化して、よりあからさまな機能的要請が突出したものがハイパー・メリトクラシーである[19]」。

「ハイパー・メリトクラシー」化が進む現状に対して、彼女は批判的である。「本書は、現代社会に生じている事態を客観的に理解する上での有効性という面からハイパー・メリトクラシーという観点を提起しているのであって、ハイパー・メリトクラシー化が進行することを望ましいと考えているわけではない。むしろ、ハイパー・メリトクラシーの苛烈さが人々にとって重圧となることに対して強い危惧を抱いている」。なぜなら、「「ポスト近代型能力」を要請するハイパー・メリトクラシーという「圧力釜」がどんどん加熱されていくならば、その中で生きる人間たちはいずれ圧し潰されてしまうだろう」からである。[20]

彼女は、「ハイパー・メリトクラシー」化の傾向を危惧し、それによる支配を食い止める具体的な方策を講じる必要性を訴え、「ハイパー・メリトクラシー」に浸食されないような別種の「能力」原理を提案する。「ハイパー・メリトクラシー」化に真っ向から抗するのではなく、その進展をある程度不可避なものとして受け入れた上で、その「害毒」を可能な限り「緩和する方策」をとることを勧める。その方策とは、輪郭の明瞭な分野に関する体系的な知識とスキルを意味する「専門性」を身につけさせることである。ただし、彼女のいう「専門性」とは、狭い範囲に限定されかつ固定されたものではなく、他分野への応用可能性と、時間的な更新・発展可能性に開かれたものである。「そのような意味での「専門性」を身につけることは、個人にとって「鎧」ないし「足場」を獲得するという点で、ハイパー・メリトクラシーの際限のない攻撃に対する防御の手段となる」と本田は考えている。[*21] つまり彼女は、無限定に「能力」を要求する現代社会を批判的に捉え、柔軟性を持つものの一定の規制力を持つ「専門性」を備えた「能力」を形成させるという教育の方向性を打ち出すことにより、「ハイパー・メリトクラシーという正体のつかみにくい怪物を、社会全体で飼い馴らしていくこと」を期待するのである。[*22]

本田が適切に理解しているように、働く上で必要な「能力」は変化し、多様化している。社会の情報化、サービス経済化が進むにつれて、身体と密接に結びついた製造関連の技能とは異なる「能力」が、とりわけ知識や情報を創造し、巧みに操作し、効率よく処理する「能力」[*23]や、顧客に好印象を与える「能力」[*24]が新たに注目されるようになった。従来とは異なる「能力」が重視されるようになったという、彼女の把握は正しい。

しかし、「能力」とはもともと明確に概念化しにくいものであり、その中身は分析的に表現しにくいものである。それは、際立った「能力」だと思われている「熟練」といえども変わらない。「熟練」とはブラックボックスであり、その中身は言語化しにくいものである。だからこそ、実地訓練を通して見よう見まねで身につけさせてきたのだ。したがって、働く上で必要とされる「能力」の曖昧さは、現代社会に限った特徴ではない。ついでに言えば、周知のように、一九六九（昭和四十四）年に当時の日経連が「能力主義管理」を打ち出し、企業は従業員の「職務遂行能力」という曖昧さを含む「能力」を顕在化させて評価しようとするようになった歴史的経緯がある。当時から、「態度」や「やる気」といった人格に関わる側面が無限定に、場合によっては恣意的に評価されていたのであり、「能力」を際限なく引きだそうとする経営側のスタンスは今に始まったわけではない。[*25] むしろ、「成果主義」が広まり、「結果」を重視する傾向が強まった現在の方が、仕事の過程や形成している「能力」にこだわらなくなっている面がある。いずれにせよ、ここで留意すべき変化とは、「能力そのもの」の特徴よりも、本来働く場において形成され、実体化される「能力」について、入社前にその習得を求められ、しかもその習得を証明しなければならなくなったことである。新自由主義的な考えに基づく勤労観が広まると、「エンプロイアビリティ（雇用され得る力）」という新しい概念が作られ、「能力」形成やキャリア展望は、個人の努力や責任において行うべきものとみなされるようになった。以前にも個人主義的な競争がなかったわけではなく、その最たる例が学歴獲得競争であったが、学校から会社への移行がスムーズであることを前提とした競争であったために、就職段階では「能力」の内実は問われなかった。それがいまや、会社との個別交渉の際に明示すべき「実体」として、あたかも個人の所有物のごとく扱われるようになったのである。[*26] しかし、「能力」とは、繰り返しになるが、働く場において実体化されるものである。とりわけ職務範囲が曖昧な日本企業に、そのことが当てはまる。働く場の環境——生産技術、労働組織、人員構成など——により実体化のあり方は大きく異なり、「能力」に対する評価も違ってくる。[*27] それにもかかわらず、「能力」の形成とその証明を入社前に問われたならば、それを大まじめに受け取る人たちは、何を努力したらいいかわからず、途方に暮れ、無力感に苛まれることになるのだ。

　もっとも、「効果的な努力」がないわけではない。「賢い」若者たちは、仕事ができることを証明する能力＝プレゼンテーション能力を高めようとする。つまり、働く場で必要とされ、評価される「能力」と就職活動時に有用な「能力」とを混同した「大人の言説」に惑わされず、前者があるように見せる後者の「能力」の形成に励むのである。もちろん、前者と後者は完全に異なるわけではないし、採用する側は、「プレゼン」を通して前者の「能力」を見極めようとする。採用担当者は、何百人・何千人も面接をしているのだから、それなりに見抜く力があるだろう。また、就職が決まった後の仕事人生の方が長いわけだから、入社後に困らないように「本当の能力」の形成を冷静に諭す大人もいるかもしれない。しかし、就職に切羽つまった者からすれば、とりあえずは就職できることが最優先であり、就職活動において、働く際に必要とされる「能力」が高いように見せることに全力を注ぎ、その一時点において、長い仕事人生の中で多大なエネルギーをかけることになるのだ。

　議論を元に戻すと、多元化する「能力そのもの」が若者を追い詰めているわけではない。「能力」とは、程度の差はあれ、いつの時代でも働く前に証明することは難しい――だからこそ、欧米諸国では、一定の「能力」の水準を保証して雇用を守る同業者組合が発達してきた歴史的経緯がある。ほとんどの業界において「能力」とは働く場において実体化されるものであるにもかかわらず、それを雇用前に保持させることの要求とその保持を証明することの要求が、それを真に受ける若者たちを困惑させているのだ。この違いを、本田は混同しているように思われる。

　筆者は個々人が何らかの「能力」を入社前に形成していることを否定するわけではない。同じ条件で同じ仕事を同時期に始めても、結果に差が生じることから、「能力」に差があることは明らかである。しかし、「能力」を個人に属する実体として捉えたり、評価したりすることには決定的な限界があることを強く主張したい。この限界は、働く前だけでなく、働き出してからもあてはまる。ある結果がだれの「能力」によるのか、各人が組織に対してどれだけ貢献したのか、それらを厳密に特定することは不可能である――業種、職種、階層によって特定の困難さに差はあるが。にもかかわらず、個人の「貢献」を明確にしようとし、それに基づき評価の差を大きくすれば、集団の一員としてチームに貢献することよりも、自分がチームに貢献していることを証明することに力を注ぐ人がでてくるのだ。

本田は、昨今の混乱した「能力」論を適切に批判しているものの、個人に属する「実体としての能力」[28]という捉え方から逃れられていないために、問題の本質は「能力そのもの」の変化ではなく、それを取り巻く社会的文脈の変化にあることを理解し損ねている。若者の困窮を救いたいという誠意ある発言と前向きな政策提言は、彼女が現状をそう捉える「カオス化」する「能力」を基盤とする社会を変えるのではなく、皮肉にも、「カオス化」する「能力」論に自らを加担させることになっているのだ。

労働経済学者の玄田有史も、「即戦力」、「個性」、「やりがい」、「コミュニケーション能力」といった働くことに関する「能力」の議論を、若者を追い込むだけだとして一蹴する。[29]働かなかったり、自立しなかったりする若者に対して、当人の意識、考え方や生き方を批判する議論が巻き起こる中で、そのような若者が生まれざるを得ない「社会の構造」にその原因があるのだとして反論する立場にあると、自らの「若者論」のスタンスを明示する。[30]

ニート本人にその原因を求め、その解決法として、彼ら・彼女たちに個性、即戦力、専門性、コミュニケーション能力などを求める言説が無秩序に増えている。それらに応えようとする若者たちは「自分探し」に疲れ切っている。しかし、「まっとうな企業」は新卒に即戦力など求めていないことを、玄田は正しく見抜いている。そして、若者を過剰な人材条件で振り回すのではなく、若いうちに就業体験をさせて、働くことについて考えさせることの方がよほどためになると、教育者の立場から実践的に指南する。玄田は、中学生を対象とした働く手引き書を著し、働く際に大切なことを優しく解説する。「いちばんたいせつなのは、ちゃんといいかげんに生きること」といった具合に、平坦には行かない仕事人生をやり抜くためのアドバイスを本音で語っている。[*31]

玄田が指摘するように、社会的弱者である女性、年配層、若者、外国人労働者などは、社会構造の変化の影響をいち早く受け、より弱い立場に置かれている。雇用に関していえば、その層の非正規雇用率や失業率の高さがそのことを証明している。そして、データを細かく見れば、同じ性別や年齢層でも、階層が相対的に低い人ほど、非正規雇用者になる可能性が高いことがわかる。雇用保障だけでなく、社会保険、公的扶助のセーフティネットが十全でないために、望まなくして非正規雇用者になった者はそのまま他のネットに救われることなく、「すべり台」を降りるがごとくいっきょに下降する。さらに、貧困は世代間で連鎖し、格差は拡大し、固定化しており、いったん貧困層に入ると、その層からの脱出は困難である。[*32]

努力は報われないという思いが若者の間に広がっている。[*33] そして、同じ若者の中にも経済格差が、「やる気」の格差が生じている。[*34] この現状を鑑みれば、人生の早い段階で働くことに関心を持たせることは悪いことではない。玄田は、家庭環境と働く意欲との関係を熟知しているからこそ、早い段階から職業について考えさせ、働く意欲を促そうとしていると推察される。

しかし、若者への仕事関連のアドバイスは、働くことへの導きはするものの、社会の不平等や雇用や労働にまつわる力関係には目を向けにくくする。「社会に原因があって、その状況を変えることがけっして簡単ではなかったとしても、それでも若者が自分で自分を守るためにできること、状況を変えるために必要なことを、可能なかぎり具体的に発言してきた」[*35]と述べているように、現在の苦境の原因を若者自身に押し付けているわけではないが、結局のところ、その解決の糸口を若者に求めている。社会構造上の問題については指摘にとどまり、雇う側の責任は問おうとはしない。そして、雇われる側への「親身なアドバイス」へと視点がすり替わっていく。若者の「能力」や「やる気」を問う単純な議論とは一線を画すが、自分で自分を守る術を身につけさせようとする点では変わらないのだ。こうして、より低年齢化した若者への助言の書は、既存の力関係から目を背けさせ、厳しい雇用環境の中で現実的に対処する方法を身につけさせ、現状を受け入れさせる手引きとなる。氾濫する「○○力」に惑わされるなと警鐘を鳴らす玄田も、新自由主義に基づくキャリア形成を煽る言説空間の一部を構成しているのである。[*36]

## 4　誰にでも、何歳になっても、キャリア設計を求める議論

ここまでは、就職に苦労する層を対象とした「能力」論を検討したが、高学歴層を対象としたキャリア論も活発である。いわゆる「エリート」ももはや将来は約束されていない、とばかりに、この層にも雇用の不安を煽り、市場社会で生き抜く力を伝授しようとする人たちが現れた。

コンサルタント会社のマッキンゼーで働いた経験を持ち、京都大学で教鞭をとる瀧本哲史は、エリート学生に「武器」を授けたいという。彼の話によれば、「コモディティ化」した人材は、資本主義社会の厳しい競争の中で安く買い叩かれる存在に成り下がる。それを避けるためには、代替不可能な「スペシャリティ」にならねばならない。しかし、もはや学歴は意味を持たない。「これまでの枠組みの中で努力する

のではなく、まず最初に資本主義の仕組みをよく理解して、どんな要素がコモディティとスペシャリティを分けるのか、それを熟知すること」が必要であると、エリート層にキャリア観の見直しを迫る。[*37]

転職はキャリアアップになると吹聴された時代もあったが、勤め先を頻繁に変えることで好意的な評価を受ける人はごく一部であり、大半の企業は、「企業社会」の時代と変わらず、職を転々とすることは望ましくないとみなす。いったん「良い大学」から「良い会社」へという「正規ルート」から外れた者のほとんどは、労働条件が悪化し、下層移動のリスクが高くなる。このような実態がわかってくれば、労働市場での暗澹たる競争に巻き込まれないために、大企業正社員という「安定したポスト」にいっそうこだわるようになる。労働市場の未発達さが原因であり、その結果でもあるが、会社を渡り歩くようなキャリアを求めている人は多くない。大学生の大企業志向は弱まるどころかむしろ高まっている。もちろん、「会社ランキング」には無関心であり、収入さえ高ければいいと考える人もいるであろう。大企業での安定した「サラリーマン人生」よりも、起業により大金を手にする生き方や勤め先を自分で選ぶ働き方を求める人はいる。しかし、一時期持てはやされた起業や「プロフェッショナルなサラリーマン」は、多分に幻想の面が強い。起業による成功者は、その派手さとは対照的に、数からいえば少数派である。[*38]

競争社会は、誰にでもチャンスがあるような印象を、逆に、誰もが「リスク」から逃れられないような印象を与える。しかし、注意を要することは、チャンスやリスクの可能性は一律ではないということだ。有名大学を卒業したからといって、雇用が確実に保障されるわけではない。「高学歴のワーキングプア」の存在は、格好の事例である。しかし、高学歴でなければ、そもそも「就活」に参戦できないのが現実であり、[*39]高学歴ほど好条件の職を確保しやすいことは事実である。男女ともに、転職の有無に関係なく、本人の学歴と初職がその後の職業の社会的地位に影響を及ぼす。[*40]学歴など無関係と言われて久しいが、大方の人にとって、結局、学歴がその後のキャリア人生にとって大きな意味を持つ。

就職した後も、キャリアを見直すように吹き込む就職産業や著書が増えている。先が見えない不確実な時代にあって、もはや組織人という安定した人生は望めない。キャリア展望は初職の就職時で終わるわけではない。転職する者は当然のこと、同一企業で働き続ける者であっても、これからは、キャリアの戦略的設計と随時修正が求められる、といった類の話である。リクルートで勤務経験があり、東京都初の民間人校長として有名になった藤原和博は、稀少な時間をいかに「投資」するかという「戦略的な考え方」を持つように指南する。自分の「本業」に投資する時間を費用対効果で考え、家族との団らんにも時間を割くように促し、地域社会への活動にも「参戦」することを求め、「成熟社会」におけるこれからの人生を意識的に組みたてるように勧める。このような思考様式を身につけることにより、先行き不透明な時代を生き抜く術を身にまとい、同時に、家族やコミュニティの「資産」を豊かにすることができるという。[*41]

しかし、皮肉なことに、見通しがつかない世の中であるならば、将来のキャリアを真剣に考えても仕方がない。将来を思い悩もうと、自分の行く末をコントロールできる範囲は限られているからである。もっとも、キャリア研究者はそのような不確定な要素も十分承知している。不確定な要素も組み込んだキャリア観を持ち、随時、キャリア展望を修正することを提案する。何十年先の未来を見据えた将来図を持つわけではないが、世の中の流れに流されるままでもない。かといって、四六時中キャリアのことを考えるわけでもない。人生の「節目」に大づかみな方向性を再確認し、それ以外の時は偶然性に身を委ねる。むしろ、流れに身を任せた方が、思わぬ「掘り出し物」に出くわすかもしれないという。[*42]

話としては興味深いが、雇用の規制緩和に翻弄され、現に短期間で職場を変えさせられている人たちにとっては、そのようなキャリア論がどれほど支えになるのかは疑問である。

# おわりに

この章は、働くことが困難な時代における「能力」論をいくつか検討した。

働くことが、なかでも正規社員として働くことが難しい時代にあって、「人間力」といった抽象的な「能力」の形成が勧められている。しかし、それらの言説は真に受ける者を振り回してきたのであり、そのような「能力」を身に付けようとする努力が雇用確保につながるかは疑わしい。ならば、いかなる「能力」を身につければいいのか。こうした問いかけに真摯に答えようとして、働くに際した心構えやキャリア展望を親身にアドバイスする論者が多く現れた。キャリア関連はいまや一大産業に発展し、正規で雇われることが困難な「低い階層」の人だけでなく、「就活」に追われた学生に、さほど就職に困らないと思われるエリート大学生や、かつてならほとんど関心を持たなかった子どもにも、さらには「終身雇用」が危ぶまれる社会人には何歳になっても、先行き不透明な社会では自分で身を守らなければならないと諭し、確たるキャリア展望を持ち、必要に応じて随時修正し、競争が激しい市場社会で生き残れるようにと吹き込む。これらの論者は、世の中が市場化することを必然であるとみなし、それへの対処を雇われる側に求める。皆が単純な市場原理主義者というわけではなく、各議論の中身には相違点があるが、失業率の高さや雇用不安を個人の「能力」の形成により克服させようとしている点では同じであり、結果的にではあれ、労働市場での生き残り競争の促進に（手の込んだ形で）加担しているのである。

労働市場で勝ち残ろうとする気持ちは理解できる。筆者自身、市場競争と無縁ではない。しかし、一途に「能力」の形成に励んだところで、職の確保が確約されるわけではない。最も注意すべき点は、就職にせよ、転職にせよ、組織内の出世競争にせよ、「公平なルール」、「公平な評価」の下で行われているわけではないということである。就職はさまざまな社会関係の下で決まるのであり、個人の努力では如何ともしがたい要因が介在する。また、「能力」とは働く場で実体化するものであり、他者との関係性の中で発揮され、力関係の中で評価されるものである。つまり、「能力」とは社会関係や実体化する場と密接不可分であり、それ故に、「能力そのもの」だけを取り出して議論することには限界があるのだ。雇用不安に怯える者を助けたい一心でおくったアドバイスであれ、もっともらしければもっともらしいほど、「能力」形成を促す議論は、就職前の生徒や学生、失業者や就職困難な者を振り回すことになる。

だとすれば、「能力」を身につけること、身につけさせようとすることは無意味なのかと、それでも問い質したくなる人はいるだろう。筆者はそのように思っているわけではない。読み書きそろばんは必要であり、他者との協働を求められる職場では「コミュニケーション能力」は欠かせないし、培ってきた「人脈」は助けになり、専門的な知識や技能は「売り」になる。しかし、これらはいつの時代にも変わらないことである。したがって、必要とされる「能力」の新規さを過度に強調することは慎むべきだ。

なお、そもそも教育の目的とは、雇用先の要請に応えて生徒や学生に働き口を獲得させることだけではない。もちろん教育機関の「社会的責任」は問われてしかるべきであるし、社会の一部を構成する産業や企業が求める「人材」に耳を傾けなくて良いわけではない。しかし、「能力」論を展開する人たちのほとんどは、「人材」の需要側が負うべき負担や責任は問わずに、それらの要望を汲むことを一途に考えている節がある。本来、国がしかるべき働く機会を保障し、企業は自社に合った人材を採用し、自社に必要な「能力」を自前で教育すべきである。雇う側は教育コストの削減という主たる目的は隠したまま、その負担を「社会的責任」・「自己責任」という名目で教育機関や家庭に押しつけ、個々人には市場での生き残りを煽っては課している点を見落としてはならない。これは、企業による人材育成費の転化である。教育のあり方は、文部科学省、企業、学校経営者だけで決めることではなく、生徒や学生が主体的に考え、構成員である教員や職員も積極的に提言すべきである。国が責任をもって教育を受ける権利を保障し、地域社会、ＮＰＯ、労働組合などもサポートする。教育に関わるすべての人たち、つまり国民全員が自らの課題として引き受け、議論を重ねることが重要なのだ。それこそが、主体的に生きる力を身につけることにつながり、不確実性が高い現代社会にあって「想定外の出来事」に対応する力を社会が蓄えることにもなるのである。教育とは、唯一の正解を教え、暗記させることではないと言われて久しい。しかし皮肉なことに、教育機関自体が思考を停止し、唯一あるべき方向があるかのごとく錯覚に囚われ、学ぶ者を特定な方向に導こうとしている。

筆者は、雇用確保やそのための「能力」形成の必要性を否定しているわけではない。社会政策的な提言をくだらないと思っているわけでもない。雇用問題を個人の「能力」の問題に矮小化している点を問題視しているのだ。私たちは「能力」だけに注目するのではなく、それらの背後にある社会のあり方にも目を向け、「能力」が発揮され、評価される場で起きていることにも注意を払う必要がある。そして現状に適応した「能力」の形成に励みながらも、現状の問題を克服する新しい労働社会像を検討すべきである。その構想力が、これまでの議論には欠けていたのだ。

近年、大規模組織に依存した働き方とも、会社を渡り歩く働き方とも異なる、「社会」を意識した働き方に関心が集まっている。そこで次章では、それらの活動をいくつか紹介し、その可能性と限界について考察したいと思う。

# 第七章　「社会貢献」に惹かれる「良い人」たちへ

## はじめに

「組織」に依存した働き方とも、「市場」を生き抜く働き方とも異なる、「社会」を意識した活動が注目されている。貧困問題を解決したり、社会的なつながりを再生したり、環境を保全したりする活動である。公共のための業務は、主に公的機関が担ってきたが、営利活動を目的とする民間企業や、NGO（非政府組織）・NPO（非営利組織）といった非営利の民間団体も関わるようになった。

民間企業といえども、利潤だけを追求していれば良い時代ではない。文化活動への無理解が批判され、「企業市民」としての役割を求められるようになり、八〇年代から九〇年代初頭にかけて、企業の寄付や「メセナ」といったフィランソロピー活動（慈善活動）が流行した。「バブル経済」が崩壊し、軒並み業績が悪化すると、いつしか大企業主導の「社会貢献」は下火になったが、貧困問題や環境問題が深刻化するのに伴い、企業の、なかでもグローバル企業の「社会的責任」が問われるようになり、ほとんどの会社がそれを意識した企業方針を掲げるようになった。

それと同時に、NGO・NPOという新しい組織・団体の社会活動が盛り上がりをみせる。行政組織とも営利組織とも異なる自主的・自律的な組織に活躍の場を見いだし、公益性のある事業にやりがいを求める人が増えている。

「社会貢献」を意識した活動には、市場化による負の影響を緩和し、多様な働き方を実践する面がある。しかし他方で、活動する者をそして活動の対象者を市場の論理に巧みに巻き込み、市場のフロンティアを手の込んだ形で拡張する面もある。この章は、行き過ぎた市場主義化への反動として脚光を浴びる、「社会貢献」を意識した活動をいくつか紹介し、それらの可能性と限界について検討したいと思う。

## 1　「社会貢献」を意識した活動

### (1) 企業の「社会的責任」——貧困を解決する社会的企業

自由市場経済システムが世界規模で広がるにつれて、地域経済・地域コミュニティが衰退し、持てる者と持たざる者との間の貧富の差が拡大し、健康・安全への不安が高まり、自然環境が破壊されているとして、グローバル規模の市場経済化に伴う弊害が批判されるようになった。[*1]

このような批判に応える形で、経済同友会は、いち早く「企業の社会的責任ＣＳＲ Corporate Social Responsibility」の自覚を喚起し、投資家には、企業を市場機能の観点からだけでなく総合的な視点で評価して投資対象を選ぶことを意味する「社会的責任投資ＳＲＩ Socially Responsible Investment」を求めた。企業を取り巻く社会環境と社会意識の変化を敏感に察知した同友会は、二〇〇〇（平成十二）年十二月に『21世紀宣言』を発表し、「企業は「経済的価値」のみならず「社会的価値」「人間的価値」をも創出する責任を有する」という理念を打ち出した。そして、『第15回企業白書』（二〇〇三年）で、「「市場の進化」と社会的責任経営——企業の信頼構築と持続的な価値創造に向けて」というタイトルを掲げた特集を組んだ。

日本最大の経済団体である日本経済団体連合会（日本経団連）も、二〇〇四（平成十六）年に改定した「企業行動憲章」の序文で、「社会貢献とは、自発的に社会の課題に取り組み、直接の対価を求めることなく、資源や専門能力を投入し、その解決に貢献すること」と定義し、企業が「社会的責任」を果たすように働きかけた。ただし、「経営資源を投入する以上、単なる慈善活動ですませることはできない。社会との関係を一段と深めることによって、会社に社会性と活力を注入する、会社に対する好感度が高まる、社会的なリスクへの感度を高めることができる、より良い社会になることによって会社の永続性が図られるなどの間接的・長期的な効果を想定して進めることが必要である」と述べており、日本経団連は「社会貢献」とはあくまで営利目的を前提としたものであることを強調する。[*2]

行政機関も企業に「社会的責任」を質すようになり、その趣旨に沿う活動を広めだした。経済産業省は、企業の「社会的責任」を問う議論が高まっている社会的背景を踏まえて、二〇〇四（平成十六）年四月に「企業の社会的責任（CSR）に関する懇談会」を設置した。さまざまなステークホルダー（消費者、従業員、投資家、地域住民、NGOなどの利害関係者）との交流を通して、最低限の法令遵守はもとより、事業と密接な関係を有する製品・サービスの安全確保、地域環境・廃棄物リサイクル対策を含めた環境保護、労働環境改善、労働基準の遵守、人材育成、人権尊重、腐敗防止、公正な競争、地域貢献、地域投資やメセナ活動、フィランソロピー（社会貢献）など、多様な問題に自主的・戦略的に取り組むことがCSRにとって重要であると説明する。CSRに対する信頼性を保つ上で欠かせないことは、情報開示と説明責任であり、ステークホルダーによる評価とステークホルダーとの対話であると、その中間報告書で解説している。

では、営利企業の「社会貢献」とは、具体的にいかなるものなのか。多くの企業が「社会貢献」を経営理念に掲げており、会社のホームページをみれば、当たり前のように「社会貢献」を謳う文言がでてくるが、その内実はわからない。ここでは、貧困、環境破壊、薬物汚染、ＨＩＶ感染症の広がりなどの社会問題を営利活動により解決することを目的に起ち上げられた「社会的企業（起業）」を紹介しよう。

「社会的企業」の経営理念や経営実践を紹介した書籍はたくさん出版されているので、詳しい内容はそれらを参照していただくとして、[*3] かいつまんで説明しよう。世界の全人口六〇億人のうち、経済的に豊かな人たちは一割（貧富の差を強調する著書では一パーセント）にすぎない。その他大勢は、高等教育を受けられない、高機能な情報通信機器を利用できない、それどころか、生きる上で最低限必要な食糧、きれいな水、雨風をしのぐ場所、移動手段、医療さえ確保できない。先進国といわれる国々も、貧富の差の拡大、自然環境の悪化、若年層の失業、薬物汚染など、深刻な社会問題をいくつも抱えている。これまでの企業の経営戦略は、米国・欧州・日本という先進国や、中国・インド・ブラジルといった成長が見込まれる新興国の富裕層を対象としていたが、今後、地球規模の持続的発展を考えると、残りの九割――論者によっては九九パーセント――が該当するピラミッドの「底辺」を対象とした活動（「ＢＯＰ（Bottom of Pyramid）ビジネス」）が鍵を握る。バイオテクノロジーなど、最先端の技術を用いた大がかりなイノベーションが地域社会を変えることもあれば、既存の技術を援用したシンプルだが考え抜かれたデザインが住民の生活を変えることもある。いずれの場合も、資金や技術を一方的に援助するのではなく、貧困層を顧客とするビジネスを起こしたり、貧困層がビジネスを起こす支援を行ったりする。発展途上国への資金援助には歴史があるが、利権構造と権力の腐敗により、貧困に対する根本的な解決にはならなかった。この反省を踏まえて、民間企業が経営のノウハウを活かして社会問題の解決に乗り出した。また、巨大企業が途上国に進出し、労働者を低賃金で搾取するのとも異なる。各地の生活に根ざした「ニーズ」や希望を汲み上げ、現地の人たちを消費者に、そして経営者に組み入れる点に特徴がある。「持続可能な企業とは、利益を上げつつ、世界の貧困層の生活の質（クオリティ・オブ・ライフ）を高め、文化的な多様性を尊重し、従業員の士気を高め、コミュニティを築き、後世のために地球の生態系の健全性を守るビジネスを創造するという、新しい民間主導の開発アプローチの可能性を表している」[*4]。

### （２）公的機関でも営利企業でもない、自主的・自律的な支援活動――社会的活動による社会的包摂

ＢＯＰビジネスは、民間企業が経営資源を動員し、貧困層をターゲットにして営利活動を展開する試みである。しかし、営利組織ではなく、社会保障関連業務を担う公的機関でもない、草の根レベルの社会的な団体が数多く存在する。「社会貢献」を掲げる非営利組織（ＮＰＯ）である。一九九八（平成十）年に「特定非営利活動促進法」が施行され、ＮＰＯの数が急増した。促進法の第一条で、「この法律は、特定非営利活動を行う団体に法人格を付与すること並びに運営組織及び事業活動が適正であって公益の増進に資する特定非営利活動法人の認定に係る制度を設けること等により、ボランティア活動をはじめとする市民が行う自由な社会貢献活動としての特定非営利活動の健全な発展を促進し、もって公益の増進に寄与することを目的とする」と定めている。

ＮＰＯの体験談は多数の著書で紹介されており、活動内容や運営実態は多様であるが、本書がそれらの活動の中で注目する点は〈働くこと〉についてである。活動者が「社会貢献」を意識した新しい働き方を模索している点であり、活動の対象者の中には、失業者・ホームレス・引きこもりの人たちが含まれ、彼ら・彼女たちを「労働社会」に戻そうとしている点である。

活動支援をする側の働き方について、もう少し詳しく説明しよう。九〇年代以降、雇用や働き方の「多様化」が叫ばれ、組織に縛られない働き方が持ち上げられたことは前章で紹介した。しかし、市場の荒波を巧みに泳げる人たちはごく一部であり、いまや薄くなった大企業の「中核層」を巡る競争が激化し、その他多くの人たちは不安定な低賃金労働を強いられている。このような厳しい雇用環境の中で、「組織人」でも「自由人」でもなく、「社会」に貢献する仕事を希望し、自らが起業して社会を変えようとする人たち（社会起業家）が現れた。お金よりも「やりがい」を重視する人たちがこの種の活動に魅力を感じている。大規模な「社会的企業」のように、大がかりな活動に着手しようとするわけではない。地域社会で事業を起ち上げ、親しい仲間で組織を運営し、地元経済の活性化、地域福祉の手伝い、地域文化の保全などに関わる。[*5]これらの活動は、社会に貢献する点や、社会を自らが変えるという点だけでなく、地域コミュニティに根ざして活動するという点が好意的に評価されている。もちろん公的機関も社会福祉活動に力を注いでいるが、「上」からの活動ではなく、生活者の視点に立ってサポートする点に特徴がある。

活動支援を受ける側に関して留意すべきは、経済的な貧困を克服しようとするだけではなく、働く場を確保し、社会での「居場所」を取り戻し、社会的に排除された状態から脱することを目的とした活動であるという点だ。[*6]経済的に不遇を託（かこ）つ者の中には、社会的な「絆」や「承認」を失った人たちや、労働の場から遠ざかった人たちが多い。貧困状態から脱出させるためには、経済的支援を行うのみならず、長期的な視点で「労働社会」に呼び戻すことが必要である。このような考え方に基づき、貧困層を社会に戻す活動が取り組まれている。

## 2 「社会貢献」をする側、される側に関する問題点

「グローバルスタンダード」と銘打たれた市場原理に基づく資本主義の限界が露わになった。前節で明らかにしたように、それに付随する諸問題を解決する「社会的活動」を起ち上げ、「社会貢献」を果たそうとする営利企業や非営利組織が増えている。経済的な富の格差を解消し、働く場や「絆」を失った人たちを社会に呼び戻す動きであり、大企業は大がかりな地域イノベーションの創出に、社会起業家たちは生活の場に根ざした活動に取り組みだした。強者の論理を強いる市場メカニズムの限界を克服しようとする新しい活動は歓迎されている。

しかし、それらの活動ははたして手放しに褒められたものなのか。本節は、「社会貢献」を掲げる活動がはらむ問題点に目を向けたい。

### (1) 市場の「外部」の取り込み

日本よりも市場原理が社会に浸透し、貧富の差の拡大など、社会問題が山積みし、それ故にいち早く企業の「社会的責任」が問われた米国の巨大企業であり、世界有数のグローバル企業でもある、マイクロソフト社の会長が手がける事業支援を検討しよう。

マイクロソフト社の会長であり、世界の資産家番付の常連であるビル・ゲイツと彼の妻メリンダ・ゲイツは、二〇〇〇年に「ビル&メリンダ・ゲイツ財団」を創設した。世界中の病気や貧困を解決することを目的に掲げた、世界最大の慈善基金団体である。ビル・ゲイツは、これらの問題を解く鍵は「イノベー

ション」にあるという。世界が取り組むべき課題に優先順位をつけ、イノベーションを「正しい方向」に導くことが重要であると指摘する。そして問題を解決するためには、政府・企業・フィランソロピストが手を携え、協力し合わなければならないと述べる。「健全な経済のための長期戦略は、さらなる協力とイノベーション以外にはない」[*7]。

ビル・ゲイツは、人類の歴史の「進歩」に、そして資本主義の「発展」に全幅の信頼を寄せている。「世界はよくなっている」。「何千年、何世紀、何十年、どの単位で見ても、世界は少しずつ、確実に、よくなっている。より健康に、より裕福に、より教育水準が高く、そして、より平和になっているのだ」[*8]。「ここで大切なのは、私たち人類が成し遂げてきた進歩を認めることではないだろうか。そうすれば、未来の見え方が少し変わってくる」[*9]。

大資産家であるゲイツ夫妻らによる篤志事業は、「社会貢献」という理念の崇高さとその影響力の大きさから大いに注目され、高く評価されている。しかし、彼らの活動に懐疑的な者がいないわけではない。その一人がスーザン・ジョージである。

彼女によれば、「ゲイツ財団」は、莫大な資金を「アフリカ緑の革命連盟ＡＧＲＡ」と名付けたプロジェクトにあてている。このプロジェクトにはアフリカ内外に熱心な支持者がいる一方で、技術と市場による解決だけに頼っているとして、批判の声も強い。ＡＧＲＡはこの先十年間で、千種の新種作物の導入を計画している。新種の大半はハイブリッド種子または遺伝子組み換え種子であり、生物多様性と地元種の種子を守るプランは蔑ろにされている。これらの種子は、一時的には収穫量を増やすかもしれないが、再生不能という問題を抱えており、農民は新しい種子を買い続けなければならない。また、遺伝子組み換え種子は、特定の条件の下でしか順調に育たず、収穫量を増やすとは断言できない。そもそも遺伝子組み換え食品が健康に与える影響は証明されていない。このプロジェクトは市場志向の農園経営に力を入れているが、かつての「緑の革命」[*10]が効率重視になり、土地の流動性を高め、土地所有を一部の者に集中させ、貧者の追い出しを招いたことを忘れていると、彼女は警鐘を鳴らす。中長期的には、貧富の差をますます拡大させる可能性があるという。[*11]

ゲイツらの大がかりなプロジェクトをこのように分析した上で、「彼らの「善行」のせいで苦しむ人たちがいたとしても、良心と傲慢に一点の曇りもないまま続けられる。結局のところ、篤志家の億万長者層が薄いのは感謝すべきことかもしれない」と、皮肉を込めて、市場志向の「慈善活動」を酷評している。[*12]

ゲイツらの活動は、貧困問題の克服を意図した事業化支援であるが、自らが事業化して貧困問題を解決しようとする試みもある。どちらの事例であれ、従来なら儲けにならないとして無視してきた層を市場に取り込もうとしているのであり、結局のところ、事業として経済的に成り立つかどうかが事業継続の最優先の判断基準である。そして、大がかりなビジネスプランは、エリート主義的な視点から広範にわたる急激な「改革」を求め、貧困層の生活文化、住民の健康、土壌生物などの生態系に対する長期スパンの配慮が乏しい。社会問題を解決するための事業化は、市場の力を借りて封建的な体制や一部の人が握っていた既得権益を解体する面があるが、地域コミュニティを破壊する面もあることを見落としてはならない。

もっとも、最先端の技術を導入した大規模な事業化ではなく、シンプルな機能を持つ低価格の製品の開発・販売を通して貧困問題を解決しようとする「社会的企業」もある。商品の具体例を挙げると、人力の足踏みポンプ、個人携帯用の浄水器、殺虫剤で加工された蚊帳といった類のモノである。農業分野のBOPビジネスに先駆的に取り組んできたポール・ポラックは、「手ごろの価格」かどうかが、事業の成功の鍵を握るとアドバイスする。「貧困層を慈善の対象ではなく顧客と考えることによって、デザインプロセスは根本的に変わる。手頃な価格のデザインのプロセスは、顧客としての貧困層について知るべきことをすべて知ることから始まる。それは、ニーズを満たすもののために彼らが喜んで払える額を知ることでもある。迷うときは、「無理しない」三原則の力を借りることにしている。デザインを始める前に事情が把握でき、貧困層の人々（少なくとも二五人）と十分に話ができていなければ、無理しない。デザインしているものが、初年度に少なくとも元がとれるようでなければ、無理しない。デザインプロセスが終わったときに、補助金なしの価格で少なくとも一〇〇万ユニット、貧困層に販売できると思わなければ、無理しない」[13]。

このように、地元住民の「ニーズ」を拾い上げ、無理のない範囲で事業を展開する「社会的企業」もある。しかし、規模の大小を問わず、企業の「社会的支援」は、貧困などの社会問題を生み出す仕組みや原因には目を向けずに、目の前の課題をビジネスモデルで解決することに力を注ぐ。貧困とは、各国の社会福祉制度、教育、文化、階級構造、人種問題、宗教問題などが複雑に絡みあう、根深い問題である。できることから着手するというスタンスもわからないではないが、国ごとの社会的背景や歴史的経緯を無視した活動にどれほどの効果があるのか疑問である[14]。

市場は、その外部を取り込んで膨張する。市場の限界を克服しようとする「社会的企業」は、一見すると、それを修正し、市場志向からの転換を図っているようにもみえる。しかし、これらの活動は市場の限界を市場原理に基づいて解決しようとし、市場の拡張をもたらしているのであり、長期スパンでみればより深刻な市場の限界を孕んでいる可能性があるのだ。

## (2)「ボランティア精神」の形骸化——「民営化」と行政の「下請化」の間で

NPOは、支援先を市場に取り込むことを目的として活動しているわけではない。また、NPOの多くは事業規模が小さく、設立趣旨からして草の根活動であるため、住民の生活や文化を根底から変えてしまう危険性は小さい。これらの活動は、支援先の多様なニーズを拾い上げ、既存のコミュニティを尊重する点で望ましい。しかし、このような活動の慎ましさは、活動する者にとっては弱みにもなりうる。すなわち、活動する側が市場原理や既存の力関係に組み込まれやすいのである。

NPOは増加の一途を辿ってきたが、ここに来て減少傾向にある。その最大の理由は、維持運営の財政的な厳しさにある。営利を第一の目的にしていない組織であるので、「社会貢献」を謳い、崇高な理念を掲げることはたやすい。しかしその多くは、現実問題として財政難に直面している。以下にみるように、活動を維持するための方策はいくつか考えられるが、いずれの方法を採用するにせよ、活動の理念と現実との隔たりが大きくなるというジレンマを抱えることになるのだ。

一つ目の方策は、無償労働の比重を高める。これらの活動の主たる構成員は、女性、学生、年配者であり、彼女たちや彼らは、家計の補助的な所得稼得者、独立前の扶養家族、年金生活者のいずれかであることが多く、活動の対価として経済的な報酬を第一には求めない人、無償で活動することを自ら望む人もいる。しかし、それが強要となれば、話は違ってくる。組織が掲げる高邁な理念とは裏腹に、ボランティア活動を強いるという矛盾を抱えるようになるのだ。また、労働であれば、形式的ではあっても労働関連の法令で守られているが、「自主的な活動」となれば、法的な保護が曖昧になる。頼まれごとを断れず、無償活動を強いられる人がでてくる。

二つ目の方策は、事業化である。ＮＰＯの数は、ここ最近、頭打ちになり、量よりも質が問われるようになった。質の向上とはサービスや効率の向上であり、ＮＰＯは営利的な面を強めている。しかし、ＮＰＯが事業化すれば、財政的には楽になるかもしれないが、市場ベースにのるかどうかが最重要な評価基準になり、本来の目的である社会的事業としての活動趣旨から離れていくという矛盾を抱える。

三つ目の方策は、行政からの補助金を受ける。本来、社会福祉は公的機関が担う業務であるが、それをＮＰＯが代替する形で補助金をもらう。ここでも問題が出てくる。行政とＮＰＯとの対等な「パートナーシップ」が謳われているが、行政は自らの経費削減を目的としてＮＰＯに業務を委託することは現実的にありうる。つまり、行政が本来やるべき仕事をＮＰＯが肩代わりする形になるのだ。ＮＰＯからすれば、業務委託を受けやすくするために、住民主体の活動という理念は二の次になりやすい。[*15]

社会的な事業が、「やりがいのある仕事」や「人の役に立つ仕事」であることを筆者は否定しない。しかし、事業の財政的基盤が弱いところが多く、市場の原理や既存の力関係に活動が組み込まれやすい点には注意が必要である。しかも、設立趣旨や活動目的が立派であるが故に、ＮＰＯの活動が非常に危うい文脈に置かれていることに気づきにくい。このことを知らずに無邪気に活動に加われば、活動を取り巻く力学に翻弄され、ボランティア精神を悪用され、善意を食いものにされることもあるのだ。

### （３）新たな規律化と劣悪な職場環境

他者とのつながりを失った人が増えている。家にも、学校にも、働く場にも、そして地域社会にも「居場所」がない若者たちの増加が社会問題になっている。[*16] そのような人たちを再び「社会」に戻すことで、なかでも「労働社会」に引き入れることで、社会的排除を緩和・解消しようとする若者支援活動が広がっている。ただし、それらの活動（を推進しようとする政策）は、無条件に評価されるわけではない。「社会」から引きこもる人たちの意思を蔑ろにしたり、引き入れる先の「社会」の内実に無頓着だったりすることが、時としてあるからだ。

「引きこもり」の場合を考えてみよう。家から出たいにもかかわらず、自力では出られない人の社会参加を手助けすることに問題はない。しかし、「引きこもり」全般を問題視して、希望しない人まで無理矢理「社会」に引っ張り出そうとするのであれば、異論がある。多様な価値観や生活スタイルの尊重を謳いながらも、引きこもっている人たちの生活を可視化し、「健全化」しようとする隠れた意図が読み取れる。

もっとも、家庭が社会に開かれることが、一様に悪いわけではない、家庭内暴力や幼児虐待への対応は、家族任せではいけない。地域社会にシェルターを設け、被害者を匿ったり、地域ぐるみで青少年の指導・育成を担ったりすることは、一つの対策としてありうる。ここでは細かい議論には立ち入らないが、家庭から社会へ引き出すこと、家庭を社会に開かせることの是非を一般論として論じるだけでは不十分である。各事例により状況は異なる。事案ごと柔軟に対応することが社会的事業に求められていることである。

そして、筆者が最も注意を促したい点は、連れ戻す先の「職場社会」の環境である。会社や職場は社会と同じ意味で使われることがあるが、多くの職場は社会から閉ざされており、それらは同義ではない。新自由主義に基づく労務管理が強まるにつれて、労働環境が悪化し、労働者の権利と尊厳がますます蔑ろにされていることは、ここまでの論考で明らかであろう。このような「労働社会」に「参加」させたところで、人間らしい生活は期待できない。既に働いている人の中ですら、「うつ病」や「いじめ」に苦しんでいる人がいるのに、いわんや「引きこもり」の人たちが、このような場に引きずり出されたらどうなるかは容易に想像がつく。

社会から排除された人たちを放っておいていいわけではない。だが、一律に「職場社会」に引き戻せばいいわけでもない。連れ戻す先の職場を本当の意味で社会に開かせることが先であり、「労働社会」へ戻す支援は、労働者の尊厳が保てる職場づくりと同時並行で行わなければならないのである。[*17]

## おわりに

「社会貢献」を謳う営利企業は、効率一辺倒ではない活動方針を掲げるが、その中には貧困層をも市場原理に忠実な生産者・消費者になるように手助けし、市場のフロンティアを拡大する会社もある。そのような企業は、経済問題の解決を優先し、貧困層の生活文化やコミュニティを顧みることは少ない。非営利組織は、行政組織では行き届かないきめ細やかなサービスを提供し、営利組織のように利益や効率性を最優先するわけではないが、財政難が続くと、存続自体が目的化し、本来行政が行うべき業務を節操なく引き受けたり、営利事業化したりして、住民主体とはかけ離れた活動になることも珍しくない。社会から排除された人たちを劣悪な労働環境に連れ戻すこともある。「社会貢献」を意識した企業や事業は無条件でほめられるわけではない。

しかし、これらの活動を「貧困ビジネス」として一律に切り捨てたり、行政の「下請け」として端から否定したり、「偽善活動」としてぶった切ったりすることも適切ではない。[*18] 社会的活動は、形態も置かれた文脈も多様であり、一様には評価できないからである。行政とＮＰＯとが対等の立場で連携することもあれば、企業が非営利組織を支援することもある。企業自体がＮＰＯを立ち上げることもあれば、企業が社員の社会参加を推奨することもある。もちろん、住民が文字通り主体となって地域活動を行う事例もある。筆者は、それらの活動を全否定したいわけではなく、理念通りに運営されることを望んでいる。そのようになるためには、それらの活動が行政の財政削減や市場化といった新自由主義的なベクトルに巻き込まれやすい点に注意が必要である[*19]。

「社会貢献」と銘打たれた活動は、善意に満ち、利害対立のない活動として提示される。パートナーシップ、協働、ウィン・ウィンの関係、サポート、ネットワークといった表現が用いられ、社会を管理する手法の表現は、コントロールではなく、マネジメントになり、デザインに変わった。しかし、各主体間の力関係や利害対立は見えにくくなったものの、なくなったわけではない。企業が市場に取り込みたい層や行政が管理したい領域は可視化され、逆に、利害の対立や葛藤の側面は不可視化される。社会的に〝意識が高い〟活動は、柔軟で貪欲な市場の力に取り込まれやすく、行政機関のコスト削減の隠れ蓑にされることもあり、本来の活動主旨から外れやすい。筆者は、社会的活動を否定しているわけではなく、それらの理念を無邪気に信じている人たちに、活動が危うい力学の下で行われていることへの自覚を促したいのである。

第八章

# 働くということを自分たちのものに取り戻す

## はじめに

組織に拘束された働き方ではなく、会社を渡り歩く働き方とも異なる、社会を意識した働き方があることを前章で紹介した。「社会貢献」は、一方で、行きすぎた市場主義化の弊害など、現代社会の問題を解決するという点でやりがいのある活動だが、他方で、行政組織や市場から完全に切り離されているわけではなく、見えにくいが強力な力の影響を受けやすいという点で危うい活動でもある。ボランティア活動を半ば強制される人がおり、劣悪な職場環境に半ば強制的に連れ戻される人がいる。職場・家庭・地域社会など、複数の場でバランスのとれた生活をおくるためには、次々に提案される「魅力的な働き方」に安易に飛びつくのは危険であることが理解できたであろう。

では、私たちはどうしたらいいのか。いかなる働き方を選ぶにせよ、〝適度な労働〟を保つためには、働く者たちの間でそして一人ひとりの中で労働の過剰と過少のバラツキをならし、働く場の秩序を自分たちで再構築することが欠かせない。そのためには、労働を規制する力を持ち、他者をそして自分をも働きすぎに追い込む勤労観を相対化し、労働─消費中心の生活を根本的に見直すことが求められるのである。

## 1 労働を規制する力と新しい労働運動

自明なことであるが、労働者の権利はさまざまな法律で守られている。資本家や経営者との力関係で劣る労働者の権利を守るために、労働に関する法令が整備されてきた歴史がある。したがって、法令を改正したり、判例を積み上げたりすることにより、新しい働き方のルールを設定することができる。

しかし、一九九〇年代中頃以降、法による雇用規制は弱まる傾向にある。一九九九（平成十一）年に派遣法が改正され、二〇〇四（平成十六）年から製造業派遣が解禁された。働き方の「自由」とは、実質的には働かせ方の自由であり、ほとんどの非正規雇用者には雇用形態や労働条件の選択権はない。景気の変動に即応させる雇用量の調整はより細かくなり、労働者の生活はかつてないほどに不安定になった。その象徴的な出来事が、二〇〇八（平成二十）年秋の世界規模の金融不安に端を発する「派遣切り」である。路頭に迷う人たち、ネットカフェで寝泊まりする人たち、「働く貧困層」にすらなれない人たちの存在がクローズアップされた。

ただし、行き過ぎた規制緩和への反動・反撃がないわけではない。二〇〇七（平成十九）年のパートタイム労働法や最低賃金法の改正は、その動きの一環である。[*1] 二〇〇八（平成二十）年暮れの「年越し派遣村」は、派遣労働者の使い捨ての問題を社会に広く知らしめる契機となった。有期雇用を規制する法整備は十分とはいえないが、雇用の「多様性」や働き方の「自由」を問い直す動きが生まれていることは素直に評価される。

もっとも、雇用や労働を規制する法律を制定したところで、職場レベルで骨抜きにされることは珍しくない。偽装請負が後を絶たないことがわかりやすい例である。そこで、雇う側に法律を守らせ、望ましい労働条件を獲得し、働きやすい労働環境を確保するためには、労働者自らが力を行使する必要がある。

労働組合とは、会社と対峙して労働者の権利を守る存在である。しかし、ここまでの論考でも触れたが、日本の労使協調型の企業内組合は、労働環境や労働条件を悪化させる経営合理化を断固として阻止しようとすることはほとんどない。主流の労働組合は、非正規社員を排除してきた経緯もあり[*2]、雇用の非正規化をはじめとする「改革」が進む中でその存在意義が問われている。

労働組合に助けを求められない労働者たちは、自分で自分を守るしかない。就職前の段階からそれを手助けする本がいくつも出ている。労働者には固有の権利があり、それは法律で守られていることを子どもにもわかるように教え諭し[*3]、聞こえのいい言説に踊らされないキャリア展望を描かせ[*4]、表向きの評判とは異なる「ブラック企業」や本当に「働きやすい会社」を見抜く能力を授け[*5]、労働者にどこまでやったらクビになるかを理解させ[*6]、会社の理不尽な処遇や不当な解雇を撤回させる方法を教える[*7]。

これらの本は、心地よい言葉を並べ立てるキャリア本とは異なり、雇い主との利害の相違を教え、自分の身を守るためにはうまくやろうとするだけでは限界があり、時には闘わざるを得ないことを読者に伝える。個別労働紛争解決制度が整備されたことにより、一人でも会社に異議申し立てをしやすくなった。労働局や労政主管部局にあっせんを申請する人や労働審判制度を活用する人は年々増えている[*8]。

とはいえ、一人で会社と闘うとなると、経済的にも精神的にも心許ない。そこで、個人加盟の労働組合に入ったり、労働者支援を目的としたNPOに助けを求めたりして、会社の理不尽な処遇や違法行為と闘う人たちがでてきた[*9]。そして、非正規労働者も組合に取り込むべきだという意識は、既存の企業内組合にも芽生えている。非正規労働者の加入を認めれば、「既得権益」が犯されるとして反対する正社員もいるが、同じ労働者として非正規にまで運動を広げることができれば、共通の利害を守りやすくなる。[*10]

労働者の新しい運動やつながりは、現状では十分な広がりを持っているとは言い難い。筆者が聞いた話では、困った時にだけ個人加盟の組合に加入し、雇用に関するトラブルが解決すると、謝礼を払って辞めてしまう人が多いそうである。また、非正規雇用者は、働き先に対して抗議の声を上げるのではなく、さっさと働き先をかえる人の方が多いだろうし、正規雇用者は、非正規雇用者の苦境を知っているため、嫌なことがあっても黙って耐える人の方が圧倒的に多い。しかし、悲観することはない。かつての「安定的労使関係」の時代に比べれば、一人ひとりの労働者ができることは確実に増えている。企業内組合、勤め先や雇用形態の制約がない合同労組、労働者や失業者を支援するＮＰＯなどの諸組織は、その差異にとらわれるのではなく、協力できる点を見いだせば、労働者の権利や尊厳を損なう動きに抵抗する運動を社会的に盛り上げることが可能であり、そうなれば、働く者全般の意識は確実に変わっていく。

## 2　労働―消費中心の生活から〝半ば〟降りる

働き過ぎたり、逆に働けなかったりと、私たちはバランスを欠いた労働者生活に陥りやすい。心身ともに健康な生活をおくるためには、現在の雇用環境を生き抜く「能力」を身につけたり、「新しい働き方」に希望を託したりするだけでなく、労働を規制することが必要である。そのためには、雇用や労働を規制する法的根拠を充実させ、働く場で規制する力を持ち、行使することが欠かせない。それらに加えて、そもそも「勤勉」を無条件に評価する勤労観を、そして働くことだけに生きがいを見いだそうとする生き方そのものを見直さなければならない。

バランスの欠いた労働者生活は、労働者を取り巻く社会関係、「やる気」を引き出そうとする管理制度、労働者を実際に働かせる場の環境によることはたしかだが、働く主体側にも原因がないわけではない。「勤勉」は無条件に善であり、「怠惰」は悪である。これが、高度経済成長を支えた労働倫理である。この倫理観が、自らの働き過ぎを肯定し、他者に働き過ぎを強要し、劣悪な労働環境や労働条件を受容することにつながる。そして、過度に働く人たちを生むのと表裏一体の関係にあるが、低成長時代において、働きたくても働けない人たちを生んでいる面があり、彼ら彼女たちを苦しめているのだ。

日本社会は高度経済成長を遂げ、経済的な「ゆたかさ」を手に入れた。それとひきかえに、過労死や家庭生活および地域活動の軽視といった働き過ぎに起因する問題を抱えるようになった。仕事一辺倒の生活から脱却し、余暇を享受する精神的な余裕を持ち、「家族サービス」を行い、地域社会に奉仕する必要性が説かれた。「バブル経済」期には、労働から消費へと生活の比重はシフトした。投資や投機により楽をして稼げる方法を知った者たちは、地道に働くことがばからしくなった。しかしそれは、労働―消費中心の社会や生活に対する根本的な問い直しではなかった。

「バブル経済」の崩壊後から、ようやく消費に自制がきくようになった。[*11]「清貧のすすめ」がブームになり、記号としての消費やマーケティングに翻弄される生活を「バブルの遺物」として冷ややかにみる人が増えた。環境負荷の観点から消費を控えたり、モノに溢れた生活に疲弊して「捨てる技術」がはやったり、「ロハス」や「スローライフ」に憧れてシンプルな生活を志向したりする人がでてきた。もっとも、それらは一過性のブームで終わり、その時々のマーケティングに組み込まれてきた面があるが、「消費は美徳」として無条件に持ち上げられた時代は過ぎ去った。景気後退と企業合理化の影響を真っ先に受け、新規採用が減り、非正規率や失業率が高く、所得は上がらず、年金はもらえるか定かではなく、将来像が描きにくくなった若者層に、消費欲求の減退傾向が顕著にみられる。[12]

しかし、消費には自制がきくようになったものの、「勤勉さ」の勧めは強まっている。日本企業の競争力が低下し、失業率が高止まりすると、「日本人の勤勉さを取り戻せ」との論調がでてきた。フリーター、ニート、引きこもりは批判の対象になり、「高望みしなければ仕事はある」、「少しは我慢しろ」、「甘えである」とばかりに叩かれる。「勤勉さ」を求める風潮は根強いのである。

では、勤労を勧める近代的な労働倫理[13]が浸透した日本で、働かないことを積極的に肯定する生き方は可能なのか。理念として掲げるにとどまらず、実践することはできるのか。

一九九〇年代に入ると、自らの意思で働かない人たちの生き方が注目されだした。「ダメ連」は、一九九二（平成四）年に「プータロー」をしていた数人の「ダメ系」から始まった。「普通の人」のように働けなかったり、恋愛ができなかったり、家族を持てなかったりしても、自己否定的にはならず、「がんばらない」スタンスを自然な形で表出し、「オルタナティブな人生を模索する人々とのネットワークを創っている」[14]。地域社会で仲間と助けあいながら生活を営み、お金をかけずに生きていく方法を編みだし、社会的なメッセージをおくるデモを不定期に企てている。[15]

資本主義体制を批判する運動や生き方はそれより前から存在した。しかし、彼らの活動は、従来のストイックで、揺るぎない思想や信念を持ち、労働組合や政党などの支援を受けたスタイルとは異なる。既存の体制や権力に対して断固たる抵抗を試みるのではなく、「おちょくり」、「ユーモア」、「シニカル」といった特徴を持ち、演奏やパフォーマンスに興じ、「肩の力が抜けた」スタンスで、いらないものまで売りたがる企業活動や宣伝広告に振り回されない自分たちの生活を取り戻そうとする。[16]

「抵抗」のスタイルの変化は、社会運動全般にみられる傾向である。階級闘争を掲げた左派系の労働運動とは異なり、また、階級闘争では見落としがちであった女性の社会参加、マイノリティの人権、環境保護といったメッセージ性が高いテーマを掲げる「新しい社会運動」とも異なり、穏健な雰囲気を醸しだし、誰もが気軽に参加できる、「祝祭性」と「非暴力」を特徴とする運動である。[*17] このようなスタイルのデモは、世界規模でみられる。ウォールストリートの占拠デモなど、ごく一部の人たちに資産が集中することに抗議するデモが有名であり、日本では、反原発のデモが記憶に新しい。

デモは法で認められた権利であるにもかかわらず、大方の者にとって敷居が高い。そこで、形式張らないデモの企画の仕方、参加の要領、盛り上げ方が紹介されるようになった。[*18] デモの開催地を探し、他者に参加を呼びかけ、緩いつながりを維持し、リアルタイムで状況を知らせるツールとして、情報通信機器は便利である。デザイン性が高いプラカードやTシャツを作るのにも、身近な道具となったパソコンやプリンターが力を発揮する。

ストリートに自分たちの空間を取り戻し、そこを足場として社会にメッセージを訴えかける。一部の人が力を握る社会や一面的な生活スタイルを強いる社会に対する不満を率直に表に出す。これらの運動は、自分たちの生活空間を大切にしているが、そこに閉じ込もるのではなく、そこから社会に連なる経路を確保している点が興味深い。

労働－消費中心の生活から降りてはいるものの、特段、社会的なメッセージを掲げない人たちもいる。

守村大は未開の土地を自分でならし、時間をかけて丸太を積み上げてログハウスを完成し、田畑を耕し、食用の鶏を飼い、必要最小限なものだけを購入し、ほぼ自給自足の生活をおくる。人里離れた田舎で生活の基盤を持ち、仕事の都合で必要な時にだけ都市部に出かける。[*19] 大自然の中で自活するには、それなりの労力やバイタリティが必要である。誰でも気軽にというわけにはいかない。

高村友也も、田舎で安い土地を購入し、月二万円程度で暮らせる低コストの生活を実践するが、安あがりな田舎暮らしを完璧に作り上げようとしているわけではない。「Ｂライフ〔Basic Life：必要最低限の生活のこと──伊原〕は、筋金入りのサバイバルでもなければ、自給自足やＤＩＹ[20]にこだわるものでもないし、スローライフやエコロジーライフ、ナチュラルライフなどというものとも違う。「金はなくとも心は……」といった類の根拠の無い貧乏賛歌でもないし、「働かない」とか「もうリタイヤ」と決め込むわけでもない。働きたくなったら働けばいいいし、「そこ」でゴロゴロしていてもいい、「そこ」に帰ってくれば最低限の生活が保証されている、でも最低限だから維持費なんて全然かからない、そんな自分だけの安全地帯を、低予算で、しかも完全に独力で構築する。金も無い、技術も無い、知識も無い、協力者もいない、そんな人でも、素人業の積み重ねでなんとなくそれらしいものを作って、なんだかんだで生活していく[21]」。

守村と高村は、自然豊かで土地が安い地方に生活の場を求めるが、坂口恭平は、都市部の「ゆたかさ」を利用した「安上がりな生活」に注目する。「ホームレス」の人たちの生活を具に観察し、そこからヒントを得て、「物余りの世の中」における新しい生き方を模索する。[22]

漁師が海の幸を、マタギが山の幸を獲得するように、都市部の生活者は「都市の幸」を採集する。「都市の幸」とは、ずばり「ゴミ」である。服も、靴も、食べ物も、自分が必要とするぶんだけを拾う。坂口は、そのような人たちの生活を「都市型狩猟採集生活」と名づける。

「都市型狩猟採集生活」というのは、路上生活の単なる言い換えではない。「都市の幸」を収集し、加工し、自分の生活に合わせて作り替えるのにも「技術」や「知恵」がいる。「技術はなるべくさまざまな種類のものを持っていたほうがいい。それぞれの技術が中途半端だとしても、問題ではない。ありあわせの技術を駆使して、あらゆる状況に対応できる知恵こそが重要なのだ[23]」。「都市型狩猟採集生活」をおくるには、知恵や創造力が必要であり、それらを発揮することで生きる力がみなぎる。「自分でさまざまなアイデアを考え、他人と差別化をはかり、独自の仕事の方法を見つけ出していく。その技術は日に日に向上していく。向上心はすべてに勝るモチベーションとなる。都市型狩猟採集生活は、人間の生きる意欲を無限大に引き出すのである[*24]」。

坂口は、「都市型狩猟採集生活」が、これまでの社会システムを根底から変える契機になると考えている。「きみは二一世紀の狩猟採集民となる。都市を駆けぬける遊牧民となる。社会システムは、いくら変化させてもまた同じ循環を繰り返し、人間を苦しめつづけるだろう。それよりもまず、きみの精神、視点、創造性を変革させるのだ。そこにこそ、希望が隠されている。〈都市の幸〉で暮らすことは、きみが起こすことができる、唯一の革命なのだ[*25]」。

「ホームレス」――自分たちなりの家に住んでいるのだから、ホーム〝レス〟ではないのだが――の生活に密着取材した坂口は、「ホームレス」の人たちが住む場所を奪われ、生きる権利を脅かされている現状を目の当たりにして、土地にせよ、空気にせよ、水にせよ、そもそも誰かの所有物なのかという根本的な問いかけをするのである。

phaと名乗る者は、もっと率直に「働きたくない」、「だるい」という感情を表に出し、何もしない生活を肯定する[*26]。「「だるい」という感覚はもっと大事にされるべきものだ。それは自分がやりたくないこと、自分が本当はやらなくていいことを見分ける重要な感覚だ[*27]」。

彼（あるいは彼女）は「できるだけ毎日寝たいだけ寝て嫌なことをせずにある程度の収入を得られないかということをずっと試行錯誤してきた[*28]」。ただし、彼の労働観は、楽をして金儲けすることではない。「基本的には「一般的な生き方のレールから外れても、ものすごいダメ人間でも、なんとかギリギリ死なない」というくらいのところを想定している」[29]。

彼は物をほとんど必要としないが、この生活を実践する上で欠かせない物がある。それはインターネットである。それを活用することにより「人とのつながり」「暇潰しにやること」「最低限のお金」を手にすることができるという。同居人を集い、シェアハウスに住み、「現実の生活」でも他者と「かかわり」を持っている。しかし、積極的に親交を深めるわけではない。「人と直接コミュニケーションせずに孤独にならない」、「対人能力があまりなくても孤独にならない」[30]。この適度の「距離感」が心地良いし、ムリがないという。

経済的に余裕があるわけではないが、他者の「手助け」みたいなこともやっている。「僕自身もお金をもらうばかりじゃなく、自分よりもお金のなさそうな人や困っている人や、こいつはヤバくて面白そうだと思った人などにはときどきお金を振り込んだり物を送ったりしている」。それも「面白半分でネタとしてニートにお金をあげる」[31]。彼は、こうした生活をマクロの視点からみて保険制度に擬して説明する。「もちろんなかなかそんなにうまくはいかないだろうし、そういう仕組みだけで完全なセーフティーネットになるとは思っていない。でも、社会のメインシステムである資本主義や市場経済とは別に、補助的なものとしてそういうよく分からない助け合いみたいなネットワークが広がったら、現在生きづらい人がちょっと生きやすくなるんじゃないかと思っている」[32]。働くことも人とのつきあいもめんどくさがっているが、「社会」との接点や他者とのつながりを完全には失わない点が興味深い。

最後に、自分の労働観を次のようにまとめる。「「どうやって働いていない奴らを働かせるか」ということよりも「どうしたらみんなできるだけ働かずに幸せに暮らせるか」を考えるほうが前向きな発想だ」[33]。「働くことを否定するんじゃないけど、働くことは強制や義務ではなく人間の自由の一つであるべきだ」[34]。もっとも、「将来、困るだろう」と、このような生活に批判的な人がいることも自覚している。しかし、自分たちが老人になる頃には、同じような境遇の人がたくさんいるだろうし、そもそも生きられなかったらそれまでだと、人生を達観している。

動機やスタイルはさまざまであるが、他者との絶えざる差異化や顕示的欲求の充足を支える経済的富の獲得競争とは異なる世界を自分たちで作ろうとする人が増えている。[*35] 厳しい市場競争を前にして、「やる気」を奮い立たせて、「勝ち組」を目指すわけではない。独立独歩で新しい稼ぎ方を開拓しようという逞しさを持っているわけでもない。肩の力を抜いて、「自分（たち）」でどうにかやっていける「ささやかな生活」を守ろうとする人たちである。[*36] 筆者はこのような生活スタイルを全面的に肯定しているわけでも、皆が彼らのような生き方を真似すべきであると思っているわけでもない。しかし、かつてなら、いたとしても批判や非難を恐れて隠れた存在であった人たちが、おおっぴらにそのような生活を語れるようになった時代の変化に注目したい。

本書で紹介した、労働—消費中心の生活から〝半ば〟降りている人たちの多くは高学歴者であり、不足する経済資本を補う「文化資本」を持っているから降りられるともいえる。反対に、階層が相対的に「低い層」の多くは、消極的な理由でそこから降りざるを得ないのが現実であろう。しかし、前者のような人が増えれば、後者の雇用機会が増え、当人らの意図しないところで、ワークシェアリングが進むということも考えられる。[*37] 新自由主義に基づく雇用改革が進むと、働き過ぎる人と働けない人とが増え、労働時間の二極化が進行する。働ける人が遮二無二働くということが少なくなれば、労働時間と所得の社会的な偏りは多少とも修正されるのかもしれない。

なお、労働のアンバランスは、有職者と無職者、正規社員と非正規社員の間だけでなく、依然として男女の間でも続いている。会社と家庭と地域社会での活動で、有償と無償の労働で、男女間に偏りがある。

したがって、働き過ぎないこととは、（男性が）長時間の賃労働を避けることだけを意味するわけではなく、女性が家事、子育て、介護を一人で抱え込んだり、地域活動を一身に引き受けたりしないことでもある。仮に男性の賃労働の時間が短縮されても、妻の労働は減らず、むしろ夫の「面倒」をみる負担が増えるということがありうる。自分一人の労働だけを検討するのではなく、正規と非正規、男性と女性、日本人と外国人労働者および技能実習生、先進国と発展途上国など、他者との関係性という視野を持って各自の労働を見直さなければならない[*38]。

誤解のないように最後に付言すると、筆者は、勤勉に働くことを否定しているわけではない。まじめに働く人を茶化したいわけでもない。勤勉さを無条件に善とみなし、働くことに生きがいを見いだすことを当然視し、それを受け入れない人を頭ごなしに非難したり、独善的に矯正しようとしたりすることに疑問を呈しているのである。字義通りの多様な働き方・生き方を許容し、自分たちで働くルールを決められる社会こそが、本当の意味での豊かな社会ではないだろうか。

## おわりに

仕事には誇りがある。創造性の高い仕事は当然のこと、傍目には単純な作業であっても、当人は誇りをもって働き、仕事に楽しさや工夫を見いだそうとする。筆者は、反社会的な仕事でない限り、誇り、やる気、充実感を否定するつもりはない。起きている時間の多くを割く仕事にやりがいを求めないことの方が不自然である。しかし、当人は「仕事そのもの」が好きであると思い込んでいるが、仕事に付随した「社会的評価」を得るために熱心に働く人は少なくない。他者の評価を求め、自縄自縛になって働き、しかし思ったほどには評価を得られずに不満を抱く、といったことはないだろうか。内発的と思いがちな「勤勉さ」とは、評価システムや経営管理イデオロギーといった外在的な要素に絡め取られやすい。仕事に対する「こだわり」とは危ういものである。

もっとも、仕事が好きであろうがなかろうが、きちんと仕事をしない同僚に苛立ちをおぼえることはある。仕事をサボる同僚に「迷惑だ」と憤る気持ちに共感できる。しかし、私たちは同僚を非難する前に、「上」から職場に押しつけられた負担をかわし、自分たちで職場の実情に合致した運営システムを作り直してみたらどうだろうか。教育システムを手直しし、配置や仕事配分を見直し、評価基準を練り直し、指揮命令系統を再検討し、そして自分たちで決めた規律を守る。

働くことに誇りを持ちながらも働きすぎない。一見矛盾するそれらの両立が、そして自分だけでなく、同僚と共に誇りをもって働ける職場を自分たちで作ることが、筆者が望む働き方である。特段、奇抜なことを主張しているわけではないが、実践するとなると難しい。それは、経営側がそれを許さないからであり、働く者自身が「面倒だ」と思うからでもある。働く者がいざという時に介入を拒む勇気としたたかさを持たないのであれば、また、その程度の「負担」も避けたいのであれば、劣悪化する職場環境に我慢するほかない。

一見矛盾するそれらの面を束ねる力は、従来、熟練に内在していた。職人は仕事へのこだわりを強く持ちながらも働きすぎない。それは、賃金水準を維持するためであり、仕事や生活のリズムを守るためであり、仕事の質を下げないためであり、職場や自然の環境を維持するためでもある。調子が良いからといって働きすぎれば体調を崩すし、需要が想定外に見込まれるからといって造りすぎれば次期以降の生産に響く。熟達した職人ともなれば、そうしたことを経験的に知悉(ちしつ)している。仕事を誠実にこなしながらも「遊び心」を持っている。働く者どうしが助けあう連帯意識を持ちながらも独立独歩で働く。働く場に根ざしながらも、侮辱的な扱いを受けたり、必要とされなくなったりすれば、いさぎよく職場を移る。これらの「矛盾」を両立させる「腕」とそれらを認める文化を持っていたのである。

むろん、職人と一口に言っても、その中にも階層が存在し、時代や職種により働き方は異なった。職人像の単純な理想化は慎まねばならないが、旧来の熟練が解体されたことにより、今述べたような「矛盾」を束ね、職場内外の生活のバランスを維持してきた身体性が弱まり、職人の文化が一掃されたことはたしかである。働く場を取り巻く環境は複雑化し、流動化し、働くことを自ら制御することが難しくなった。すぐに働き過ぎになり、逆に働けなくなり、職場で「いじめ」にあい、「うつ病」を発症させ、最悪、過労死や自殺に追い込まれることとは、本書各章の論考により明かである。

しかし、旧来の熟練が失われても、生活のバランスを崩す危険を察知する「身体感覚」を鍛え直すことはできる。労働を規制する力や労働者を守るつながりを自覚的に持ち、労働―消費中心の生活を意識的に相対化することもできる。働く者の文化を再構築することも不可能ではない。方法は一つではないし、唯一の方法にこだわることもない。いくつかの方法を携え、状況に応じて巧みに使い分けることで、職人が熟練を通して発揮していたのと同じような機能を私たちも再獲得することができるのである。

ほとんどの者にとって、職の確保は切実な問題である。働くことは生きることに直結する。創造的に働きたい・生きたいという気持ちも理解できる。しかし、逆説的であるが、生活水準を維持し、職場生活を守るためには、そして仕事の誇りを失わないためにも、職探し（のアドバイス）や目の前の仕事（を促す言葉）に没入する（乗りかかる）だけではいけない。仕事にコミットすると同時に、職場の内と外に労働や活動を規制する足場を持ち、労働者生活を守る方法をいくつか備え、自らを強く緊縛してきた労働倫理を相対化し、半ば強要された労働―消費中心生活を見直すことが欠かせないのである。

## 註

### 第一章

1　ドラッカーは、日本でのみ評価されたわけではない。彼は、最も尊敬される「マネジメント・グル」であり、新興経済国でも大いに支持されてきたと、ハーバード・ビジネス・レビュー誌の編集長として長年ドラッカーおよび彼の著書と向きあってきたロザベス・モス・カンターは述べている（「彼が生きていたら、何を語るだろうか　ドラッカーに学ぶべきこと」『ハーバード・ビジネス・レビュー』二〇〇九年十二月号、一〇—一八頁）。

2　以下、ドラッカーの著書からの引用は、翻訳書のページのみを記載する。ただし、誤字脱字の訂正など、訳本の表現を多少変更することがある。同じ著書の翻訳本が複数ある場合は、その中から一冊を選び、文献一覧に掲載した。本文中で著書を紹介する際に出版年を記載するが、それは原著の出版年である。

3　ドラッカーの思想に影響を与えたのは、ナチスの台頭だけではない。生まれ育ったハプスブルク帝国の没落と首都ウィーンの斜陽という社会的・歴史的背景、政府高官であった父親および彼の幅広い交友関係（フロイト、シュンペーターなど）の影響も大きかったであろうことは、ドラッカーの自伝からうかがえる。『傍観者の時代』（ダイヤモンド社、一九七九年）と『ドラッカー二〇世紀を生きて——私の履歴書』（日本経済新聞社、二〇〇五年）を参照のこと。

4　渋沢栄一『論語と算盤』忠誠堂、一九二八年。

5　ドラッカーがテイラーの科学的管理法に関して高く評価した点は、管理手法よりも、管理思想であった。科学的管理法は、熟練を解体し、労働を単純化し、労働者から抵抗や反発を招いたことで批判にさらされたが、ドラッカーはその理解を誤りとみなし、テイラーが最善の作業方法を見つけ、生産性を高め、賃金を上昇させて、工員と管理者との間に協調的な関係を作りだそうとしてきた点を最大限に評価したのである（『新しい社会と新しい経営』ダイヤモンド社、一九五七年）をはじめとして、多数の著書で言及）。経営思想と導入実態との違いは慎重に検討すべきであるが、テイラーの『科学的管理法』を読むと、テイラーがそのような思想に基づいて唯一最善の作業方法を追究しようとしていたことは確認できる（Frederick Winslow Taylor, *The Principles of Scientific Management*. New York: Harper, 1911）。

6 ただし、このような「人間観」や「労働者観」を持っていたのはドラッカーだけではなかった。ドラッカーの先見性は疑う余地はないが、この点に限らず、彼は自分のオリジナリティを強調するきらいがある。同時代にも同じような考えを持つ者はいた。人間は怠け者で責任をとりたがらないという人間観に基づき強制的管理を行わなければならないとする「X理論」に、人間は自分で設定した目標は進んで達成しようとするという人間観に基づき自主的管理を勧める「Y理論」を対置させたD. McGregor, *The Human Side of Enterprise*. New York: McGraw-Hill, 1960. が有名である。ドラッカーは彼の議論にも批判を加えているが、本書はそこには立ち入らない。

7 自伝である『私の履歴書』の中に、ドラッカーと個人的なつきあいがあった日本人経営者の名前が出てくる。ソニーの盛田昭夫、立石電機（現オムロン）の立石一真、日本電気（ＮＥＣ）の小林宏治、イトーヨーカ堂の伊藤雅俊などである。著書や講演などを通して影響を受けた日本人経営者は数知れないであろう。

なお、別訳本の『マネジメント』（野田一夫・村上恒夫監訳、ダイヤモンド社、一九九二年）の冒頭で、訳者の一人である野田は、ドラッカーの理論が日本で広く受け入れられた理由について触れている。ドラッカーは日本画に造詣が深く、もともと日本通であり、親日的であったこともあるが、当時後進国であった日本企業の経営に対して、珍しく、「不合理」や「前近代的」といった決めつけをせず、理解があったことが大きいと述べている（『マネジメント（上）』、一八一―一九頁）。

8 一九八〇年代に主流であった「日本的経営」の「肯定論」に対する批判的研究として、上井喜彦・野村正實編『日本企業――理論と現実』（ミネルヴァ書房、二〇〇一年）所収の各論考を挙げておく。

9 下請企業で働く女性労働者や外国人労働者が、「企業社会」の「底辺」を支えてきた。伊原亮司「農村工業の経営管理と「労働」」、白樫久他編『中山間地域は再生するか——郡上和良からの報告と提言』（アカデミア出版会、二〇〇八年、一五三—一七七頁）は、トヨタの下請企業内における男女間の格差（働き方や賃金）の実態を明らかにしている。

10　以下、筆者の調査による。詳細については、近日出版予定。

11　Sanford M. Jacoby, *The Embedded Corporation: Corporate Governance and Employment Relations in Japan and the United States*. Princeton: Princeton University Press, 2005. は、歴史的・社会的な背景の違いと最近のグローバル規模の市場主義化の傾向を踏まえながら、日本とアメリカの人事部を比較している。

12　ただし、ドラッカー本人は、「日本の成功の背後にあるもの」（一九八一年）の論文の中で、日本は「一枚岩」ではない、日常生活のなかで日本人が感じているのは、「緊張や圧力」、「対立」であり、「一体性」ではないと指摘し、自分が日本社会を過度に単純化して捉えている可能性への懸念を表明していた。ドラッカーは、正しくも日本人が一枚岩ではないことを喝破していたが、それらの現象を「人間関係」の問題として扱い、格差や差別の構造的問題にまで掘り下げて分析しようとしなかった点で限界があった。

13　ただし、ドラッカーは、その後の手のひら返しの「日本叩き」とは一線を画していた。修正すべき点は修正すべきであるが、日本企業の「終身雇用」や社員の「絆」はそのまま残すべきであると冷静に評価していた（『明日を支配するもの』ダイヤモンド社、一九九九年、二三三頁）。

14　ドラッカーの数多い経営関係の著書の中で、『現代の経営 *The Practice of Management*』（一九五四年）が主著であり、『マネジメント *Management*』（一九七四年）はその集大成と位置づけることができる。日本語訳で三分冊となるその大書をコンパクトにまとめた入門書が、「エッセンシャル版」（ダイヤモンド社、二〇〇一年）である。

15　ＮＨＫ「仕事学のすすめ」制作班編『柳井正　わがドラッカー流経営論』ＮＨＫ出版、二〇一〇年、四頁。

16　有賀貞一「情報産業の直面する労働問題——多面的な産業構造の問題に根ざす」『法とコンピュータ』No. 26、二〇〇八年、五三—六三頁より。

17　丸尾拓養「ＩＴ産業の展開と従業員の法的地位――請負・派遣の区分をめぐって」『法とコンピュータ』No. 26、二〇〇八年、一三一一八頁より。

18　情報技術革新と労働に関する議論をサーベイすると、いわゆる「情報革命」、「ＭＥ革命」、「ＩＴ革命」のいずれの「革命」時も、多くの論者がそのセンセーショナルな登場に惑わされて、社会的・政治的・文化的な要素を全く考慮せず、「技術決定論」的に労働の変化を予見してきたことがわかる。伊原亮司「「ＩＴ革命」と現代の労働・産業社会学」（北川隆吉監修、中川勝雄・藤井史朗編『労働世界への社会学的接近』学文社、二〇〇六年、四四―七六頁）は、ドラッカーの「知識社会」論も含めてその問題点を考察している。

19　情報処理推進機構ＩＴ人材育成本部編『ＩＴ人材白書２０１０』一四三―一五三頁。労働者の意識調査から、将来のキャリアに対する不安が極めて高いことがうかがえる。

20　経済産業省が主導となり、高度人材育成のための制度作りに着手したばかりである。企業ごとに異なるスキルを標準化し、目指すべき人材像とキャリアモデルを作り、資格試験制度を整えようという企てである（八尋俊英・片山弘士「ＩＴ産業界における労働問題とＩＴ人材育成施策」『法とコンピュータ』No. 26、二〇〇八年、一九―二四頁）。

21　『ＩＴ人材白書２０１０』二八頁。「業界全体として取り組むべき課題」を各企業に聞いたところ、「市場の流動化」と答えた企業はほとんどなかった。

22　中村圭介『成果主義の真実』（東洋経済新報社、二〇〇六年）は、「成果主義」の日本企業への導入状況を把握し、具体的な導入事例を紹介している。

23　導入から一定の時間が経過すると、「成果主義」の職場への影響が明らかになった。城繁幸『内側から見た富士通――「成果主義」の崩壊』（光文社、二〇〇四年）は、鳴り物入りで「成果主義」を導入し、世間的にも注目された富士通の内幕を元人事部の立場から克明に描き、導入後の混乱ぶりを辛辣に批判している。荒井千暁『職場はなぜ壊れるのか――産業医が見た人間関係の病理』（ちくま新書、二〇〇七年）は、産業医の立場から、職場の人間関係に焦点をあてて「成果主義」の問題点を指摘する。

24 『日本経済新聞』二〇〇九年十二月三十日付朝刊、二三面。

25 ドラッカーは、『ネクスト・ソサエティ』（ダイヤモンド社、二〇〇二年）で、組織の運営には「バランス」が重要であると指摘する。組織には「経済機関」、「人的機関」、「社会機関」の三つの側面があり、過去五十年間で、それぞれを強調するモデルが別個に発達した。米国の「株主主権モデル」は経済的側面を、日本の「会社主義モデル」は人的側面を、ドイツの「社会市場経済モデル」は社会的側面をそれぞれ重視した。しかし、それらはいずれも「不完全」であったとドラッカーは評価した。「ドイツ型モデルは経済発展と社会的安定をもたらしたが、その代償として、高い失業率と労働市場の危険なまでの硬直性をもたらした。日本型モデルも約二〇年にわたって成功を収めたが、いまや初めての難局に直面してあえいでいる。今日の不振から脱しえない原因の一つとさえなっている。アメリカ型の株主主権のモデルも危機に面しつつある。それはいわば好天用のモデルであって、経済が好調なときにしか有効に機能しない」（五五頁）。では、それらの間でバランスをとるとはどういうことなのか。ドラッカーによれば、「短期の利益と長期の業績をバランスさせ」る（五六頁）ということである。

## 第二章

1 「ハラスメント」が増えているという一般的な認識はあるが、把握が難しいからであろう、日本の職場におけるいじめに関する本格的な研究はほとんどない（水谷英夫『職場のいじめ――「パワハラ」と法』信山社、二〇〇六年、Kanami Tsuno, Norito Kawakami, Akiomi Inoue and Kiyoko Abe, "Measuring Workplace Bullying: Reliability and Validity of the Japanese Version of the Negative Acts Questionnaire," *Journal of Occupational Health* 52, 2010, pp. 216-226）。なお、「いじめ」は日本に固有な現象だと思われるかもしれないが、欧米では一九九〇年代以降、職場における「いじめ」研究が活発である。「いじめ」とは、北欧やドイツでは mobbing、英語圏では bullying と表記されることが多く、その他にも、harassment, aggression, abuse, violence, victimisation, petty tyranny などと表現される。

2 以下の日産の事例は、組合紙、社内報、筆者による労働者や経営者への聞き取り調査による。引用元の詳細は煩瑣になるので本書では省くが、詳しい内容は別著で発表する。

3　自動車労連は、一九五五（昭和三十）年一月二十三日に結成された。日産本体の労働組合に、関連する販売会社や部品メーカーの労働組合が加わった、日産グループの労組の連合体である。一九八九（平成元）年に名称を変更し、「全日産・一般業種労働組合連合会（日産労連）」になった。

4　塩路一郎『日産自動車の盛衰――自動車労連会長の証言』緑風出版、二〇一二年、一一七頁。

5　プリンスと日産との合併後、一九六六（昭和四十一）年十月十四日に、プリンス労組は日産プリンス部門労組に改称された。そして、翌六七（昭和四十二）年六月八日に、日産労組に統合された。

6　総評全金プリンス自動車工業支部は、一九八四（昭和五十九）年一月より総評全金日産自動車支部に改称した。総評は解散して日本労働組合総連合会（略称「連合」、八九年十一月結成）に合流し、全金もその路線にしたがったが、支部の組合員のほとんどは全金を脱退し、一九八九（平成元）年八月、全日本金属情報機器労働組合（ＪＭＩＵ）に加盟した。ＪＭＩＵは、連合ではなく全労連（全国労働組合総連合）の傘下である。

7　詳細は、拙著『「場」に生きる力』（桜井書店、近日刊行）の第七章を参照のこと。

8　『ＮＩＳＳＡＮ ＮＥＷＳ』二〇〇三年十二月号、六頁。

9　「日産の内部資料によると、三十日以上の長期休職者のうち、メンタル面を理由に休職中の社員は、二〇〇二年度から二〇〇六年度に倍増し、長期休職者全体の四割を超えた。また、日産労組の資料では、二〇〇二年度に一〇〇人未満だった「メンタル系休業者」が、二〇〇五年度には二〇〇人台半ば近くに急増した。これは組合員（約三万人）の一パーセントに迫るもので、事態は深刻だ」（諏訪勝『My News Japan』二〇〇七年九月四日）。

10　『朝日新聞』二〇一三年六月二十五日付、夕刊、一面。

11　二〇一八年末、当時の会長であったカルロス・ゴーンが、会社資金を私的に流用していたとして特別背任などの罪に問われ、その職を解かれた。この件が明るみになった後であれば、この見解に納得する読者は多いであろう。しかし、この事件の有無にかかわらず、日産の「改革」には問題があったという理解が必要である。

12　合理化の進行と職場における「トラブル」の頻発の問題は、大学人にとっても人ごとではない。大学でも市場原理に基づく「改革」が急ピッチで進み、職場の荒廃が進んでいる。筆者が所属する大学では、教職員の給料は減額され、正規職員は非正規職員に置き換えられ、大学教職員の半数は非正規である。教職員に余裕がなくなり、そのしわ寄せは真っ先に学生に行っている。にもかかわらず、役員報酬のトータルな金額は増えている。これが、「サービスの質向上」を謳う「大学改革」の実情である。なお、筆者が所属する大学の組合は、大学の不当労働行為に対する救済を県労委に申し立てた。

**第三章**

1　「うつ病」と過労自殺との関係を扱った社会学的研究として、大野正和『自己愛化する仕事——メランコからナルシスへ』（労働調査会、二〇一〇年）がある。

2　例えば、労務行政研究所「企業におけるメンタルヘルスの実態と対策に関する調査」（二〇一〇年）によれば、メンタルヘルス不調者は、「増加傾向」が四四・六パーセント、「横ばい」が四五・四パーセントを占め、働く者のメンタルヘルスは改善の兆しが見られない（『労政時報』三七八一号、三一頁）。

3　川人博『過労死と企業の責任』（労働旬報社、一九九〇年）、森岡孝二『企業中心社会の時間構造——生活摩擦の経済学』（青木書店、一九九五年）、熊沢誠『働きすぎに斃れて——過労死・過労自殺の語る労働史』（岩波書店、二〇一〇年）など。

4　千田忠男『現代の労働負担』文理閣、二〇〇三年。

5　Mike Parker and Jane Slaughter, *Choosing Sides: Unions and the Team Concept*. Boston: South End Press, 1988.

6　森清『町工場のロボット革命』（ダイヤモンド現代選書、一九八二年）、小関智弘『大森界限職人往来』（岩波書店、二〇〇二年、朝日新聞社より一九八一年）など。

7　田尾雅夫『会社人間はどこへいく——逆風下の日本的経営のなかで』（中央公論社、一九九八年）は、「日本的経営」を再評価する本であるが、通説とは異なり、日本の労働者の「満足度」は高かったわけではなく、自発的に働いていたとは思えない事実を示す諸調査をまとめている（九九―一〇七頁）。

8 中高年層は、雇用が守られているだけではなく、雇われ先への貢献度に比して人件費が高い。そのせいで、若者たちは、正社員としての雇用機会を奪われ、しかも賃金を低く抑えられている。筆者は、若い人たちにもっとチャンスを与えた方が良いと思っているし、若者世代の労働負担が増え、成長の機会が奪われている点は問題であると認識しているが、このような批判は、「現時点」だけしかみていない点で一面的である。年配者層も、若い頃には貢献に比して報酬が少なかったわけであり、そのアンバランスを長期スパンで「回収する」という展望を持っていたはずである。もちろん若者層は、生涯年収も少なくなっている点は看過できないが、雇用と所得に関する展望――一時点で「精算」するか、長期のキャリアの中で「帳尻」を合わせるか――を考慮せずに互いに批判しあえば、いたずらに世代間対立を煽ることになる。

9 厚生労働省編『労働経済白書　平成二一年版』一六六頁。

10 Mary Lennon and Laura Limonic, "Work and Unemployment as Stressors," In Teresa L. Scheid, and Tony N. Brown(eds.), *A Handbook for the Study of Mental Health: Social Contexts, Theories, and Systems*. Second Edition, New York: Cambridge University Press, 2010, pp. 213-225. は、仕事および失業とストレスとの関係について検証した論文をサーベイしている。

11 内閣府編『自殺対策白書　平成二二年版』八―九、一四―一五、一九―二二頁。

12 Akiomi Inoue, Norito Kawakami, Masao Tsuchiya, Keiko Sakurai, and Hideki Hashimoto, "Association of Occupation, Employment Contract, and Company Size with Mental Health in a National Representative Sample of Employees in Japan," *Journal of Occupational Health* 52, 2010, pp. 227-240.

13 社会経済生産性本部メンタル・ヘルス研究所「平成12年メンタル・ヘルス研究所調査報告」二〇〇〇年、四頁。

14 Norio Kawakami, Takashi Haratani, Fumio Kobayashi, Masao Ishizaki, Takeshi Hayashi, Osamu Fujita, Yoshiharu Aizawa, Shogo Miyazaki, Hisanori Hiro, Takeshi Masumoto, Shuji Hashimoto, and Shunichi Araki, "Occupational Class and Exposure to Job Stressors among Employed Men and Women in Japan," *Journal of Epidemiology* Vol. 14, No. 6 November, 2004, pp. 204-211.

15 Masao Ishizaki, Norito Kawakami, Ryumon Honda, Hideaki Nakagawa, Yuko Morikawa, Yuichi Yamada, and The Japan Work Stress and Health Cohort Study Group, "Psychosocial Work Characteristics and Sickness Absence in Japanese Employees," *Int Arch Occup Environ Health* 79, 2006, pp. 640-646.

16 今井保次「管理職の精神的ストレス」『日本労働研究雑誌』No. 474、一九九九年、三二―三八頁。

17 Mariko Kawaharada, Yasuaki Saijo, Eiji Yoshioka, Tetsuro Sato, Hirokazu Sato, and Reiko Kishi, "Relations of Occupational Stress to Occupational Class in Japanese Civil Servants: Analysis by Two Occupational Stress Models," *Industrial Health* 45(2), 2007, pp. 247-255.

18 Kazunori Tsutsumi, Kazunori Kayaba, Tores Theorell, Johannes Siegrist, "Association between Job Stress and Depression among Japanese Employees Threatened by Job Loss in a Comparison between Two Complementary Job-Stress Models," *Scand J Work Environ Health* 27 (2), 2001, pp. 146-153.

19 水野恵理子・佐藤都也子・岩崎みすず・坂井郁恵「勤労者のストレス状況とメンタルヘルス支援――職業性ストレス簡易調査票を用いて」『山梨大学看護学会誌』第六巻、第二号、二〇〇八年、三一―三六頁。

20 第三章註18に同じ。Tsutsumi et al., "Association between Job Stress and Depression among Japanese Employees Threatened by Job Loss in a Comparison between Two Complementary Job-Stress Models," 2001, pp. 149-151.

21 Ikeda, Tomoko, Akinori Nakata, Masaya Takahashi, Minoru Hojou, Takashi Haratani, Noriko Nishikido and Kiyoko Kamibeppu, "Correlates of Depressive Symptoms among Workers in Small and Medium-Scale Mnufacturing Enterprises in Japan," *Journal of Occupational Health* 51 (1), 2009, pp. 26-37.

22 第三章註12に同じ。Inoue et al., "Association of Occupation, Employment Contract, and Company Size with Mental Health in a National Representative Sample of Employees in Japan," 2010, pp. 234-235.

23 厚生労働省『厚生労働白書　平成二〇年度版』六〇―六一頁。

24 宗像恒次編『働く人たちのストレスサバイバル　いじめ・リストラ・セクハラ』明石書店、二〇〇〇年、三九頁。

25　労働政策研究・研修機構『労働政策研究報告書 No.40　成果主義と働くことの満足度――2004年JILPT「労働者の働く意欲と雇用管理のあり方に関する調査」の再集計による分析』労働政策研究・研修機構、二〇〇五年、五四頁。

26　田中堅一郎『荒廃する職場／反逆する従業員』ナカニシヤ出版、二〇〇八年、二一三―二一六頁。

27　労働政策研究・研修機構『JILPT調査シリーズ No.51　従業員の意識と人材マネジメントの課題に関する調査』労働政策研究・研修機構、二〇〇八年、三六―三七頁、五四頁。

28　田中堅一郎『荒廃する職場／反逆する従業員』一七五頁。

29　組織の「中核層」である男性労働者の「帰属意識」、「仕事の適応感」、「将来への希望」、「同僚との（良好な人間関係」は、格差が拡大しつつ平均値が下がっている。社会経済生産性本部メンタル・ヘルス研究所『産業人メンタルヘルス白書　二〇〇六年版』一〇三―一四〇頁。

30　大野正和『自己愛化する仕事』一五五―一五八頁。

31　『産業人メンタルヘルス白書　二〇〇五年版』九三―九五頁。

32　高橋修「民間企業従業員のストレス反応と成果主義の関連性――人的資源管理の視点からの分析」『産業ストレス研究』第11巻第4号、二〇〇四年、二五八―二六八頁。

33　守島基博「成果主義の浸透が職場に与える影響」『日本労働研究雑誌』No.474、一九九九年、二―一四頁。

34　NHK取材班編『30代の〝うつ〟――会社で何が起きているのか』NHK出版、二〇〇七年。

35　熊野英生「「うつ」を生み出す企業内事情――30代の〝心の病〟はなぜ起きるのか」NHK取材班編『30代の〝うつ〟――会社で何が起きているのか』NHK出版、二〇〇七年、四二―六二頁。日本人のストレス実態調査委員会編『データブック　NHK　現代日本人のストレス』（NHK出版、二〇〇三年）の全国調査によると、ストレスを最も強く感じている世代は、女性が二十代であり、男性は三十代である。最大のストレス要因は「将来の不安」である（二九―三一、七八―八一頁）。

36　中村圭介『成果主義の真実』二一二―二一五頁。

37　いつの時代も、新入社員は「社会人生活」への適応に苦労するものであるが、「新しい働き方」を〝吹き込まれた〟世代は、とりわけ不満を強く感じやすいであろう、メガバンクの統合・合併時に入社した稲村圭は『若手行員が見た銀行内部事情――なぜ僕は希望に満ちて入社したメガバンクをわずか二年足らずで退職したのか』（アルファポリス文庫、二〇〇六年、単行本は二〇〇三年）で、新人の目から旧来の職場慣行の「非合理性」を描いている。小林美希『ルポ〝正社員〟の若者たち――就職氷河期世代を追う』（岩波書店、二〇〇八年）も、合併以降の金融業界において、「モチベーションを低下させる日本企業」で働く若者たちを複数紹介している（七〇―八八頁）。

38　労働政策研究・研修機構『労働政策研究報告書　No. 40　成果主義と働くことの満足度――２００４年ＪＩＬＰＴ「労働者の働く意欲と雇用管理のあり方に関する調査」の再集計による分析』第三章。

39　社団法人日本能率協会「２０１０年度新入社員「会社や社会に対する意識調査」」より。

40　宗像恒次編『働く人たちのストレスサバイバル　いじめ・リストラ・セクハラ』五八―五九頁。

41　岡井崇、千葉康之、塚田真紀子、松丸正、川人博『壊れゆく医者たち』岩波書店、二〇〇八年。

42　落合美貴子『バーンアウトのエスノグラフィー――教師・精神科看護師の疲弊』（ミネルヴァ書房、二〇〇九年）など。

43　富樫誠二、森永幸子、新居田茂充、田中亮、常川幸生「リハビリテーションの現場における感情労働の実態とメンタルヘルス――なぜ理学療法士は疲れるのか」『理学療法の臨床と研究』第14号、二〇〇五年、六五―七一頁。

44　傳田健三『若者の「うつ」』ちくまプリマー新書、二〇〇九年、一七―一八頁。

45　野村総一郎『うつ病の真実』日本評論社、二〇〇八年、第一二、一三章。

46　冨高辰一郎『なぜうつ病の人が増えたのか』幻冬舎ルネッサンス、二〇〇九年。

47　大谷藤郎『現代のスティグマ――ハンセン病・精神病・エイズ・難病の艱難』勁草書房、一九九三年。

48　香山リカ『「私はうつ」と言いたがる人たち』（ＰＨＰ研究所、二〇〇八年）など。

49　傳田健三『若者の「うつ」』第3章。

50 「富士通四国システムズ（FTSE）事件」（大阪地判平20・5・26労判973号、七六頁）は、新型と思われる「うつ病」の発症が過労によるものであるとして、業務上休職と会社の安全配慮義務違反が認められた事案である（春田吉備彦「新入社員の業務上の「新しいタイプのうつ病」罹患と使用者の安全配慮義務——富士通四国システムズ事件・大阪地裁判決（平成20・5・26）」『労働法律旬報』1707号、二〇〇九年、一六—二〇頁）。なお、本書は紙幅の都合上、具体的な判例を紹介できないが、過労自殺に関する判例は、この分野の専門家である春田吉備彦氏に教わった。紙面を借りて感謝する。

51 吉田由美『「問題社員」の対処法』（宝島社文庫、二〇〇三年）など。

52 井寄奈美『トラブルにならない　社員の正しい辞めさせ方　給料の下げ方』日本実業出版社、二〇〇九年、九四頁。

53 経営者と比べて一般的な労働者は、労働関連法令に疎いため、会社の責任を問おうとはせずに辞めてしまうことが多い。ましてや過労死・過労自殺をした者の遺族は、経営情報へのアクセスが困難なため、病気、突然死、自殺の業務（公務）起因性を証明することは至難の業である。「電通事件」の遺族側の弁護を担当した藤本正氏の手記からも、その大変さがうかがえる（故藤本正弁護士著作編集企画刊行委員会編『労働運動と労働者の権利——弁護士藤本正労働弁護の軌跡』中央大学出版部、二〇〇三年）。

54 『職場のうつ　復職のための実践ガイド』（朝日新聞出版、二〇〇九年）でとりあげた事例を参照のこと。

55 冨高辰一郎『なぜうつ病の人が増えたのか』一三八—一四一頁。

56 『厚生労働白書　平成一六年版』九〇頁。

57 自殺は男性の比率が高いのに対して、「うつ病」は女性の比率が男性に比べて二倍程度高い。厚生労働省・地域におけるうつ対策検討会「うつ対策推進方策マニュアル」二〇〇四年、三頁。

58 ほとんどの家庭で、育児と家事の八割以上を妻が担っている。国立社会保障・人口問題研究所「第四回全国家庭動向調査（二〇〇八年社会保障・人口問題基本調査）現代日本の家族変動」二〇一一年、一〇—一五頁。

59 家事ストレスは全年代の女性が、介護ストレスは五十代の女性が強く感じている。「育児がうまくいかない」ことによる強・中ストレスは、二十代〜五十代の男性はゼロである。地域の人間関係の強・中ストレス体験率も、七十歳代の男性を除いて、すべての年齢層で女性の方が強く感じている。日本人のストレス実態調査委員会編『データブック　ＮＨＫ　現代日本人のストレス』（ＮＨＫ出版、二〇〇三年）九九—一〇二、一〇八—一一九頁より。

60　第三章註15に同じ。Ishizaki et al. "Psychosocial Work Characteristics and Sickness Absence in Japanese Employees," 2006, p. 642.

61　日本人のストレス実態調査委員会編『データブック　ＮＨＫ　現代日本人のストレス』一一六頁。

## 第四章

1　厚生労働省「労働災害による死傷者数の推移」より。

2　藤本武『労働時間』（岩波新書、一九六三年）、森岡孝二『企業中心社会の時間構造——生活摩擦の経済学』。

3　川人博『過労死と企業の責任』。

4　川人博『過労自殺』岩波新書、一九九八年。

5　Émile Durkheim, *Le suicide: Étude de sociologie*. Paris: Félix Alcan, 1897.（宮島喬訳『自殺論』中公文庫、一九八五年）。邦訳二四二—二四七頁。

6　厚生労働省「総死亡率及び自殺死亡率の年次推移」より。

7　Christian Baudelot, and Roger Establet, *Suicide: Lénvers de notre monde*. Paris: Éditions du Seuil, 2006.（山下雅之・都村聞人・石井素子訳『豊かさのなかの自殺』藤原書店、二〇一二年）。邦訳一七〇—一七五頁。

8　「企業社会」における女性労働者の微妙な立ち位置と会社に対するアンビバレントな感情については、いくつかの参与観察が明らかにしている（D. K. Kondo, *Crafting Selves: Power, Gender, and Discourses of Identity in a Japanese Workplace*. Chicago & London: The University of Chicago Press. 1990. 田中洋子「作業服の時間——１９８２年Ａ金属東京工場における日常性の構造　①〜⑫・完」『大原社会問題研究所雑誌』四〇六号、四〇八号、四一〇号、四一一号、四一三号、四一五号―四一八号、四二二号、四二三号、四二七号。一九九二―九四年、G. S. Roberts, *Staying on the Line: Blue-Collar Women in Contemporary Japan*. Honolulu: University of Hawaii Press, 1994. 小笠原祐子『OLたちの「レジスタンス」――サラリーマンとOLのパワーゲーム』中公新書、一九九八年）。

9 中馬宏之『日本型「雇用調整」』集英社、一九九四年。

10 若者（十五歳から二十四歳）の失業率は、もともと他の世代に比べると高かったが、バブル経済崩壊後に上昇幅が大きくなり、他の年齢層との差が大きくなった（総務省統計局「年齢別完全失業率」より）。

11 日経連（現・日本経団連）は、一九六六年に能力主義管理研究会を発足させ、一九六九年に『能力主義管理』（日本経営者団体連盟弘報部）の報告書を出し、年功制の集団主義的管理から少数精鋭の「顕在能力」を評価する管理へのシフトを促した。したがって、オイルショックの前から労務管理の強化は始まっていたのであるが、報告書に目を通すと、当時は「人材不足」に対応するために、「個人の能力」を適正に把握し、十全に育成し、十二分に活用することを意図していたのであり、人員削減を意図した個別管理ではなかったことがわかる。また、「個人の能力」の測定や評価の難しさや、集団的な職場運営と個別管理との矛盾を自覚しており、能力主義管理への移行を求めながらも慎重な態度をとっていたことがうかがえる。

12 トヨタ生産システムの生みの親である大野耐一は、一九七八年にその仕組みを著書の形でまとめた（大野耐一『トヨタ生産方式――脱規模の経営をめざして』ダイヤモンド社）。

13 上畑鉄之丞『働きざかりの突然死』（太陽企画出版、一九八〇年）、細川汀・上畑鉄之丞・田尻俊一郎『過労死――脳・心臓系疾病の業務上認定と予防』（労働経済社、一九八二年）。

14 指示された仕事をすべてこなすことは不可能であり、指示を真に受けてやろうとすればすぐにキャパシティを超えてしまう。「優秀な社員」は、上司からの指示に対して自分なりに優先順位を付け、順位が低い仕事は受け流してきたのである（高橋伸夫『できる社員は「やり過ごす」』日経ビジネス人文庫、二〇〇二年）。

15 責任感の強さと過労死との関係については、大野正和『過労死・過労自殺の心理と職場』（青弓社、二〇〇三年）

が詳しく分析している。

16 『朝日新聞』一九八五年十一月十二日付、朝刊一面。同、一九八七年十月九日付、朝刊一面。

17 企業別組合が過労死や過労自殺の事件に対して無関心を決め込む背景や理由については、熊沢誠『働きすぎに斃れて――過労死・過労自殺の語る労働史』（岩波書店、二〇一〇年）が詳しく考察している。

18 いざという時に合理化を規制する力を発揮せず、その姿勢すらみせない労働組合は、存在意義を問われ、自ら労働者の組織率の低下を招いている。七〇年代半ば以降、組織率は低下の一途を辿り、現在二割以下である。その理由として、組合が雇用形態や労働者のニーズの多様化に対応できていないことが一般的には指摘されるが、都留康『労使関係のノンユニオン化――ミクロ的・制度的分析』（東洋経済新報社、二〇〇二年）の調査によれば、その理由よりも、期待する賃金水準および安定した雇用を獲得する経済的実効性や不満を解消したり労働条件を改善したりする発言効果が期待できないことの方が大きい。日本的労使関係を肯定的に評価してきた論者たちは、労使関係の「変化」や「変容」については語っても、新自由主義的な「改革」に対する組合の対応についてきちんと評価を下していない。さらには、後にみるように、新自由主義的な「改革」論者たちから労組を「既得権益者」として批判されるに至っても、非正規雇用者を含めた組織化の拡大以外、回答を示さない（これまでの経緯から明らかのように、示せない）のである。

19 玄田有史『仕事のなかの曖昧な不安――揺れる若年の現在』（中央公論新社、二〇〇一年）など。

20 城繁幸『7割は課長にさえなれません――終身雇用の幻想』（PHP新書、二〇一〇年）など。

21 二〇一二年九月十二日放送のNHK「クローズアップ現代」は、「リッチをねらえ――富裕層ビジネス最前線」という特集を組み、日本はアメリカに次いで世界で二番目に富裕層が多い国であり、投資可能資産が約八〇〇〇万円を超える人は一八二万人（米国は三〇六万人）にのぼるという。

22 似たような議論の運びとして、正規雇用対非正規雇用という対立図式を持ち出し、前者は「既得権益者」であるとして批判の対象にし、「全員が同じ競争」をするために、雇用規制を緩和・撤廃すべきだという議論がある。たしかに、正規雇用者は非正規の人と「痛みを分かち合う」必要があると筆者は考えるが、このような議論を展開する論者の多くは、正規と非正規との関係にのみ注目し、ごく一部の人たちにますます富が集中している現実には目を向けない。

23 長期雇用の慣行は、「解雇権濫用法理」という考えが先にあってできたわけではないし、労働組合の力だけで形成されたものでもない。もともと経営側が熟練工を企業に抱えようとしてこの慣行が根付いたのであり、労と使とのせめぎあいを通して歴史の中で定着したのである。したがって、このような歴史的背景を無視して、また、他の社会制度との補完性を考慮せずに、雇用規制を機械的に緩和したところで、もくろみ通りに労働市場は機能しないのである。

24 以下、『自殺対策白書　平成二四年版』一四―一五頁より。

25 厚生労働省「自殺死亡統計の概況」より。

26 「年齢階級別の自殺死亡率の推移」は『自殺対策白書　平成二四年版』一〇頁より。各国データは、ＷＨＯのサイトより。http://www.who.int/mental_health/prevention/suicide/country_reports/en/index.html

27 小倉一哉『過働社会ニッポン――長時間労働大国の実態に迫る』日経ビジネス人文庫、二〇一一年。

28 黒田兼一・山崎憲『フレキシブル人事の失敗――日本とアメリカの経験』旬報社、二〇一二年、一八八頁。

29 無業者の自殺者が多いことからもわかるように、自殺は社会階層と無関係ではない。ただし、自殺した就業者の職種を調査した報告書によると（職種別自殺率（一〇万人あたり）を一九九五年と二〇〇〇年で比較）、全ての職種で自殺が増加し、なかでも管理的職業従事者（二一・六パーセント増）、専門的・技術的職業従事者（一九・八パーセント増）の増加率の高さが際立っている（京都大学『自殺の経済社会的要因に関する調査研究報告書』京都大学経済研究所附属先端政策分析研究センター、二〇〇六年、一四頁）。これらの職業従事者は、相対的にみて経済的に裕福であり、自律的に働ける人たちであると考えられ、一九九五年の時点では就業者全体の平均に比べて自殺率が低かったが、二〇〇〇年には平均よりも高くなっている。第三章の「「消費者」からの圧力」のところでも言及したように、これらの従事者は急激な変化にストレスを強く感じ、精神疾患を抱え、自殺に追い込まれる人が増えていると推測される。

30　雇われる側だけでなく、雇う側や管理する側にも余裕があるわけではない。なかでも中小企業は不況に耐えきれずに倒産し、経営者が責任を一身に引き受けて自殺するケースや家族を巻き込んで無理心中するケースが増えている（斎藤貴男『強いられる死――自殺者三万人超の実相』角川学芸出版、二〇〇九年、第四章）。

31　以下の詳細については、拙著『「場」に生きる力』（桜井書店、近日刊行）第一一章、一三章を参照のこと。

32　James C. Abegglen, *The Japanese Factory: Aspects of its Social Organization*. Glencoe, Ill.: Free Press, 1958.（占部都美監訳『日本の経営』ダイヤモンド社、一九五八年）。

33　S. M. Jacoby, *Employing Bureaucracy: Managers, Unions, and the Transformation of Work in the 20th Century (Rev. ed.)*. Mahwah, NJ.: Lawrence Erlbaum Associates, 2004.（荒又重雄・木下順・平尾武久・森果訳『雇用官僚制――アメリカの内部労働市場と〝良い仕事〟の生成史（原著改訂版）』北海道大学出版会、二〇〇五年）。

34　J. K. Galbraith, *The New Industrial State*. Boston: Houghton Mifflin Co., 1967.（斎藤精一郎訳『新しい産業国家（上・下）』講談社文庫、一九八四年）。

35　A. O. Hirschman, *Exit, Voice, and Loyalty: Responses to Decline in Firms, Organizations, and States*. Cambridge, Mass.: Harvard University Press, 1970.（矢野修一訳『離脱・発言・忠誠――企業・組織・国家における衰退への反応』ミネルヴァ書房、二〇〇五年）。

36　Peter B. Doeringer and Michael J. Piore, *Internal Labor Markets and Manpower Analysis*. Lexington, Mass.: Heath, 1971.

37　O. E. Williamson, *Markets and Hierarchies: Analysis and Antitrust Implications*. New York: Free Press, 1975.（浅沼萬里・岩崎晃訳『市場と企業組織』日本評論社、一九八〇年）。

38　William G. Ouchi, *Theory Z: How American Business can Meet the Japanese Challenge*. Reading, Mass.: Addison-Wesley, 1981.（徳山二郎監訳『セオリーZ――日本に学び、日本を超える』CBS・ソニー出版、一九八一年）、Richard T. Pascale, and Anthony G. Athos, *The Art of Japanese Management: Applications for American Executives*. New York: Simon &

Schuster, 1981.（深田祐介訳『ジャパニーズ・マネジメント——日本的経営に学ぶ』講談社、一九八一年）、Terrence E. Deal and Allan A. Kennedy, *Corporate Cultures: Symbolic Managers*. Massachusetts: Addison-Wesley, 1982.（城山三郎訳『シンボリックマネジャー』新潮社、一九八三年）、T. J. Peters and R. H. Waterman, *In Search of Excellence: Lessons from America's Best-Run Companies*. New York: Harper & Row, 1982.（大前研一訳『エクセレント・カンパニー——超優良企業の条件』講談社、一九八三年）。

39 R. E. Hall, "The Importance of Lifetime Jobs in the U. S. Economy," *American Economic Review* 72, 1982, pp. 716-724.

40 C. W. Mills, *White Collar: The American Middle Classes*. New York: Oxford Univ. Press, 1951.（杉政孝訳『ホワイト・カラー——中流階級の生活探求』東京創元社、一九七一年）。

41 W. H. Whyte, *The Organization Man*. New York: Simon and Schuster, 1956.（岡部慶三・藤永保訳『組織のなかの人間——オーガニゼーション・マン（上・下）』創元社、一九五九年）。

42 V. O. Packard, *The Pyramid Climbers*. New York: McGraw-Hill, 1962.（徳山二郎・波羅勉訳『ピラミッドを登る人々パッカード著作集4』ダイヤモンド社、一九六三年）。

43 M. Hammer and J. Champy, *Reengineering the Corporation: A Manifesto for Business Revolution*. New York: Harper Business, 1993.（野中郁次郎監訳『リエンジニアリング革命——企業を根本から変える業務革新』日本経済新聞社、一九九三年）など。

44 A. Bennett, *The Death of the Organization Man: What Happens When the New Economic Realities Change the Rules for Survival at your Company*. New York: Simon & Schuster, 1990. Paul Leinberger and Bruce Tucker, *The New Individualists: The Generation after the Organization Man*. New York: Harper Collins Publishers, 1991.

45 Stephen R. Barley and Gideon Kunda, *Gurus, Hired Guns, and Warm Bodies: Itinerant Experts in a Knowledge Economy*. Princeton and Oxford: Princeton University Press, 2004.

46 Z. Bauman, *Liquid Modernity*. Cambridge, U. K.: Polity Press, 2000.（森田典正訳『リキッド・モダニティ——液状化す

る社会』大月書店、二〇〇一年）。

47　R. Sennett, *The Corrosion of Character: The Personal Consequences of Work in the New Capitalism*. New York: W. W. Norton, 1998.（斎藤秀正訳『それでも新資本主義についていくか――アメリカ型経営と個人の衝突』ダイヤモンド社、一九九九年）。

48　J. B. Schor, *The Overworked American: The Unexpected Decline of Leisure*. New York: Basic Books, 1992.（森岡孝二・成瀬龍夫・青木圭介・川人博訳『働きすぎのアメリカ人――予期せぬ余暇の減少』窓社、一九九三年）、森岡孝二『働きすぎの時代』岩波新書、二〇〇五年。

49　D. Noer, *Healing the Wounds: Overcoming the Trauma of Layoffs and Revitalizing Downsized Organizations*. San Francisco: Jossey-Bass, 1993. D. Noer, "Leading Organizations through Survivor Sickness: A Framework for the New Millennium," In R. Burke and C. Cooper(eds.), *The Organization in Crisis*. Oxford: Blackwell, 2000, pp. 235-250.

50　Peter Fleming and André Spicer, "Working at a Cynical Distance: Implications for Subjectivity, Power and Resistance," *Organization* 10(1), 2003, pp. 157-179. Peter Fleming and André Spicer, "Beyond Power and Resistance: New Approaches to Organizational Politics," *Management Communication Quarterly* Vol. 21, No. 3, 2008, pp. 301-309.

51　C. Heckscher, *White-Collar Blues: Management Loyalties in an Age of Corporate Restructuring*. New York: Basic Books, 1995.（飯田雅美訳『ホワイトカラー・ブルース――忠誠心は変容し、プロフェッショナルの時代が来る』日経ＢＰ出版センター、一九九五年）。

52　C. Casey, *Works, Self and Society: After Indusutrialism*. London & New York: Routledge, 1995.

53　「中国経済　自殺工場、暴発する中国」*Newsweek*、二〇一〇年六月十六日号、一八―二一頁。

54　以下、福島香織『中国絶望工場の若者たち――「ポスト女工哀史」世代の夢と現実』（ＰＨＰ研究所、二〇一三年）九七―一三六頁より。

55　中国中央人民放送によると、中国では毎年六〇万人が過労死しており、「日本以上の過労死大国になった」とのことである。参考までに日本の厚生労働省によれば、脳血管疾患や虚血性心疾患など、過労死と呼ばれるケースでの労災補償の請求件数は二〇一一年度で三〇二件であり、うち「業務上」と認定されたケースは一二一件（四八・八パーセント）であった（共同通信、二〇一二年十月二十九日）。どこの国でも過労死として認定されることは難しく、公表数字と実態との乖離はあるだろうが、中国の職場が悲惨な状態であることは容易に想像がつく。

56 『朝日新聞』二〇〇七年三月五日付、朝刊、三八面。

57 現代労働負担研究会「ニュース 現代の労働負担 No. 20」二〇一〇年一月三十一日発行、七―八頁。

58 同じように失業率が高くても、社会保障制度の違いによって自殺率は異なる。大方の国では、失業率と自殺率は正の相関にあるが、フィンランドやスウェーテンでは、弱い正の相関や負の相関にある（Andriy Yur'yev, Airi Värnik, Peeter Värnik, Merike Sisask and Lauri Leppik, "Employment Status Influences Suicide Mortality in Europe," *International Journal of Social Psychiatry* XX(X), 2010, pp. 1-7）。この事実は、失業者に対する社会保障のあり方によって、自殺率は変わる可能性を示唆する。

### 第五章

1 James P. Womack, Daniel T. Jones and Daniel Roos, *The Machine that Changed the World: Based on the Massachusetts Institute of Technology 5-Million Dollar 5-Year Study on the Future of the Automobile*. New York: Rawson Associates, 1990.（沢田博訳『リーン生産方式が世界の自動車産業をこう変える――最強の日本車メーカーを欧米が追い越す日』経済界、一九九〇年）。B. Coriat, *Penser a l'envers: Travail et organization dans l'entreprise japonaise*. Paris: Christian Bourgois, 1991.（花田昌宣、斉藤悦則訳『逆転の思考――日本企業の労働と組織』藤原書店、一九九二年）など。ただし、ポスト・フォーディズム論に対して批判がなかったわけではない。ここでは議論の詳細には立ち入らないが、賛否両論にわかれて、激しい論争が巻き起こった。「日本的経営」全般に関する有名な論争を一つ挙げると、加藤哲郎、ロブ・スティーヴン編『国際論争・日本型経営はポスト・フォーディズムか?』（窓社、一九九三年）。

2　Jeffrey K. Liker, *The Toyota Way: 14 Management Principles from the World's Greatest Manufacturer*. New York: McGraw-Hill, 2003.（稲垣公夫訳『ザ・トヨタウェイ』日経ＢＰ社、二〇〇四年）は、トヨタの変わらぬ強さを「トヨタウェイ」として体系的に捉え直そうとしている。

3　詳しくは、伊原亮司『トヨタの労働現場――ダイナミズムとコンテクスト』（桜井書店、二〇〇三年）。

4　トヨタの労務管理にかんする代表的な研究は、猿田正機『トヨタシステムと労務管理』（税務経理協会、一九九五年）、同『トヨタウェイと人事管理・労使関係』（税務経理協会、二〇〇七年）。

5　トヨタの元社長・元会長である奥田碩は、「日本的経営」を擁護する発言を繰り返してきた。例えば、二〇〇六年初頭の日本経団連労使フォーラムで次のように語っている。「私は、日経連会長に就任すると同時に、これまで日本企業が「日本的経営」の根幹として重視してきた「人間尊重」と「長期的視野に立った経営」を今後も守り、雇用の維持・確保に全力を尽くすことを呼びかけてまいりました」。http://www.keidanren.or.jp/japanese/speech/20060112.html

6　『朝日新聞』二〇一四年七月十二日付、朝刊、九面。

7　『日本経済新聞』二〇〇四年十一月二日付、朝刊、中部版、七面。

8　トヨタの正社員の入社から退職に至るキャリア形成については、辻勝次編『キャリアの社会学――職業能力と職業経歴からのアプローチ』（ミネルヴァ書房、二〇〇七年）所収の諸論考が詳細に分析している。

9　トヨタの正社員の平均年間給与は、二〇一四年三月三十一日現在、平均年齢三十八・八歳で約七九五万円である（トヨタ自動車株式会社『有価証券報告書』二〇一四年三月期より）。

10　この点については、拙著『「場」に生きる力』（桜井書店、近日刊行）が詳しく分析している。

11　『週刊東洋経済』の二〇〇六年七月二十九日号（六〇三四号）は、トヨタの「リコール問題」を特集している（「最強の現場は疲れている！　トヨタの異変　崩れた品質神話」二八―三九頁）。その後の「リコール問題」については、日経ＢＰ社トヨタリコール問題取材班編『不具合連鎖――「プリウス」リコールからの警鐘』日経ＢＰ社、二〇一〇年。

12　当時のトヨタの社長であった渡辺捷昭も、二〇〇六年九月二十日の経営説明会で、昨今のリコールは、「設計と製造の両方に原因がある」と話している。http://response.jp/issue/2006/0920/article86152_1.html

13　二〇〇二年二月、トヨタのエキスパート（班長クラスのこと）の資格にあった方（当時三十歳）が勤務中に倒れて、そのまま亡くなられた。ところが豊田労働基準監督署は、業務上の災害とは認めない判断を下したため、残された妻が労災認定を求めて裁判で争い、二〇〇七年十一月、名古屋地裁は原告側の主張をほぼ全面的に認める判決を下した（『判例時報』一九九六号、一四三頁。原告側の闘いの詳細については、内野さんの労災認定を支援する会『内野健一さん過労死裁判勝訴報告集　夫のがんばりを認めて!!』（内野過労死裁判報告集編集委員会、二〇〇八年）。この裁判は、「自主的活動」が仕事であるかどうかが最大の争点になったのだが、現場のリーダーたちは、通常業務はもちろんのこと、その他多くの「仕事」を抱えている。愛知県経営者協会が実施した、トヨタを含む中部企業八社の社員を対象としたアンケート調査によると、「現役の現場リーダーを含む四人に一人の社員が現場のリーダーにはなりたくないと回答。その理由として業務が多忙であることや給料の安さなどを挙げた」（『日本経済新聞』二〇〇六年五月九日付、地方経済面、七面）。

**第六章**

1　長谷川慶太郎『強い「個性」の経済学』講談社、一九八七年。
2　大前研一『サラリーマンサバイバル』小学館、一九九九年、四五頁。
3　堀紘一『サラリーマンなんか今すぐやめなさい』ビジネス社、二〇〇四年、八頁。
4　堀江貴文『稼ぐが勝ち――ゼロから100億円、ボクのやり方』光文社、二〇〇四年。
5　森建『勤めないという生き方』メディアファクトリー、二〇一一年。
6　西村佳哲『自分の仕事をつくる』ちくま文庫、二〇〇九年。
7　橘玲『貧乏はお金持ち――「雇われない生き方」で格差社会を逆転する』講談社、二〇〇九年。

8　佐々木俊尚『仕事するのにオフィスはいらない――ノマドワーキングのすすめ』光文社新書、二〇〇九年。
9　http://www.mext.go.jp/b_menu/shingi/chuuou/toushin/960701.htm
10　http://www.mext.go.jp/a_menu/shotou/new-cs/index.htm
11　『厚生労働白書　平成一八年版』一三六頁。
12　http://www.meti.go.jp/policy/kisoryoku/about.htm
13　社会経済生産性本部編『企業が求める人間力』生産性出版、二〇〇六年。同編『企業が求める人間力Ⅱ』生産性出版、二〇〇七年。
14　社会経済生産性本部編『企業が求める人間力』、はじめにii。
15　同、はじめにiii。
16　本田由紀『多元化する「能力」と日本社会――ハイパー・メリトクラシー化のなかで』（NTT出版、二〇〇五年）、本田由紀「ポスト近代社会化のなかの「能力」」、同編『労働再審1　転換期の労働と〈能力〉』（大月書店、二〇一〇年）一一―五八頁。
17　本田由紀『多元化する「能力」と日本社会』一五頁。
18　同、二〇―二一頁。
19　同、二一頁。
20　同、二四九頁。
21　同、三三頁。
22　同、二七一頁。
23　P. F. Drucker, *The Age of Discontinuity: Guidelines to our Changing Society*. New York: Harper & Row, 1969.（林雄二郎訳『断絶の時代――来たるべき知識社会の構想』ダイヤモンド社、一九六九年）。D. Bell, *The Coming of Post-Industrial Society: A Venture in Social Forecasting*. New York: Basic Books, 1973.（内田忠夫・嘉治元郎・城塚登・馬場修一・村上泰

亮・谷崎喬四郎訳『脱工業社会の到来——社会予測の一つの試み』ダイヤモンド社、一九七五年)。

24 A. R. Hochschild, *The Managed Heart: Commercialization of Human Feeling*. Berkeley: University of California Press, 1983. (石川准・室伏亜希訳『管理される心——感情が商品になるとき』世界思想社、二〇〇〇年)。

25 「能力主義管理」については、本書第四章の註11も参照のこと。また、「日本的経営」における「情意考課」による会社への全人格的包摂についての分析は鈴木良始『日本的生産システムと企業社会』(北海道大学図書刊行会、一九九四年)第4章が、査定制度がはらむ非民主的で恣意的な評価への批判は遠藤公嗣『日本の人事査定』(ミネルヴァ書房、一九九九年)が詳しい。

26 「能力」を自分の私的所有物のように扱うことへの哲学的批判は、竹内章郎『新自由主義の嘘』(岩波書店、二〇〇七年)。

27 それ故に、日本企業では同僚との協調性や助けあいが大切にされてきたのであり、実地訓練であるOJTが重視されてきたのだ。

28 「実体としての「能力」という側面は否定しがたく存在しているからである」。「なんらかの行為が具体的な成果をくりかえし生み出す場合に関しては、やはりそれらを持続的に可能にしている個別の「能力」が個人のなかに存在すると考えるほうが適切である」(本田由紀「ポスト近代社会化のなかの「能力」」、同編『労働再審1 転換期の労働と〈能力〉』(大月書店、二〇一〇年)一九頁、強調伊原)。「「能力」は、ただ「あることにされる」だけではなく、実際に「ある」という側面をもち、それは社会のさまざまな作用によって個々人のなかに時間をかけて積みあげられ、外にあらわれる機会を与えられるのである」(同上、二〇頁、強調伊原)。

29 玄田有史『働く過剰——大人のための若者読本』NTT出版、二〇〇五年。

30 同書、i。

31 玄田有史『14歳からの仕事道(よりみちパン!セ)』理論社、二〇〇五年。

32 湯浅誠『反貧困——「すべり台社会」からの脱出』岩波新書、二〇〇八年。

33　コンビニで働く赤木智弘は、戦争でもやって、既存の秩序を根底から壊したいという欲求を率直に表に出す。「きわめて単純な話、日本が軍国化し、戦争が起き、たくさんの人が死ねば、日本は流動化する。多くの若者は、それを望んでいるように思う」（赤木智弘『若者を見殺しにする国――私を戦争に向かわせるものは何か』双風舎、二〇〇七年、二〇三頁）。戦争の悲惨さを知らぬ者の無神経な発言であるという批判はさておき、戦時になったからといって、格差社会がなくなるわけではない。戦争の常であるが、真っ先に犠牲になるのは、権力を持たない者たちである。しかし、彼の議論に関して私たちが関心を持つべき点は、そのような発言に向かわせる若者たちの身動きがとれない状況であり、彼の言葉を借りれば、正社員として「真っ当な生活」をおくれない若者の状況を個人の責任にされ、「普通でない」として当たり前のように非難する世間の眼差しである。

34　山田昌弘『希望格差社会――「負け組」の絶望感が日本を引き裂く』筑摩書房、二〇〇四年。苅谷剛彦『階層化日本と教育危機――不平等再生産から意欲格差社会へ』有信堂、二〇〇一年。

35　玄田有史『働く過剰――大人のための若者読本』、ii。

36　ミリオンセラーになった村上龍『十三歳のハローワーク』（幻冬舎、二〇〇三年）についても、同じ文脈で語ることができる。この本は、十三歳の段階では、まだ「自由」と将来の「可能性」があり、組織に適応するサラリーマン以外にもさまざまな生き方が存在するので、「適性」によって仕事を選択すべきであると諭す。村上の次作『十三歳の進路』（幻冬舎、二〇一〇年）では、雇用状況の悪化を踏まえてもっと現実的に「生きのびる方法」を授けようとするが、この本も、社会の構造的問題については不問であり、現状に対応できていない教育指導を非難し、進路とは自ら「選びとる」ものであることを教える。

37　瀧本哲史『僕は君たちに武器を配りたい』講談社、二〇一一年、一〇頁。

38　自営業の数は減っており、その実態は「ファミリービジネス」であり、男性の自営業者は親の跡を継ぐケースが多い。ただし女性の場合は、修業年数の長い人が自営に参入する傾向がみられ、高学歴の女性が新規に事業を興すケースが増えている可能性はある（西村幸満「減少する自営業の現在――初職と現職の就業選択」、谷岡一郎・仁田

道夫・岩井紀子編『日本人の意識と行動——日本版総合的社会調査JGSSによる分析』東京大学出版会、二〇〇八年、一五一—一六三頁)。

39 医者、弁護士、公認会計士などの資格にもこのことが当てはまる。それらの資格をとったからといって、誰もが好条件で働ける時代ではなくなったが、それらの資格がなければ業務を行えないのである。

40 中尾啓子「正規雇用者の転職と地位達成」、谷岡一郎・仁田道夫・岩井紀子編『日本人の意識と行動——日本版総合的社会調査JGSSによる分析』(東京大学出版会、二〇〇八年、一三五—一五〇頁) の調査分析 (二〇〇〇年から二〇〇二年) による。

41 藤原和博『35歳の教科書——今から始める戦略的人生計画』幻冬舎、二〇〇九年。なお、リクルートという会社は、社会の市場化と情報化を通して、大企業を中心としたヒエラルキーの社会構造に風穴を開けてきたのであり、(元) リクルート社員は精力的に・前向きに新しいライフスタイルを提案してきた。社員たちはこのようなリクルートの文化を誇りに感じ、藤原も高く評価する (藤原和博『リクルートという奇跡』文藝春秋、二〇〇二年)。しかし、リクルートの文化は、旧来の社会構造を壊すと同時に、あらゆる生活を市場の論理に巻き込み、働き疲れ、消費疲れを生み出してきた。これらの側面を藤原は見落としている。

42 金井壽宏『働くひとのためのキャリア・デザイン』PHP新書、二〇〇二年。

## 第七章

1 D. C. Korten, *When Corporations Rule the World.* West Hartford, Conn.: Kumarian Press, 1995.(西川潤監訳、桜井文訳『グローバル経済という怪物——人間不在の世界から市民社会の復権へ』シュプリンガー・フェアラーク東京、一九九七年)など。

2 日本経団連社会貢献推進委員会編『CSR時代の社会貢献活動』日本経団連出版、二〇〇八年、一六頁。

3 Cynthia E. Smith ed. *Design for the Other 90%.* New York: Smithsonian, Cooper-Hewitt, National Design Museum, 2007.(槌

屋詩野監訳、北村陽子訳『世界を変えるデザイン――ものづくりには夢がある』英治出版、二〇〇九年）、P. Polak, *Out of Poverty : What Works When Traditional Approaches Fail.* San Francisco: Berrett-Koehler Publishers, 2008.（東方雅美訳『世界一大きな問題のシンプルな解き方――私が貧困解決の現場で学んだこと』英治出版、二〇一一年）、S. L. Hart, *Capitalism at the Crossroads: Next Generation Business Strategies for a Post-Crisis World (3rd ed.).* Upper Saddle River, NJ.: Wharton School Publishing, 2010.（石原薫訳『未来をつくる資本主義――世界の難問をビジネスは解決できるか〈増補改訂版〉』英治出版、二〇一二年）、Ted London and Stuart L. Hart eds., *Next Generation Business Strategies for the Base of the Pyramid: New Approaches for Building Mutual Value.* Upper Saddle River, NJ.: FT Press, 2011.（清川幸美訳『ＢＯＰビジネス――市場共創の戦略』英治出版、二〇一一年）など。

4　Stuart L. Hart, *Next Generation Business Strategies for the Base of the Pyramid.* 邦訳二八頁。

5　社会問題を解決することを目的として起ち上げられた活動を意味する言葉として、社会的企業、社会的起業、社会的事業、ソーシャル・ビジネスなどがある。また、自律的・自主的活動の中には活動目的や運営方法の違いから、非政府組織、非営利組織、ワーカーズコレクティブ、生活協同組合など、多様なものがある。これらの活動には異なる点もあれば重なる点もある。本書はさしあたり、「社会貢献」を意識した活動全般が盛り上がりをみせることを確認できればよい。それらの違いの概説として、神野直彦・牧里毎治『社会起業入門――社会を変えるという仕事』（ミネルヴァ書房、二〇一二年）を参照のこと。

6　阿部彩『弱者の居場所がない社会――貧困・格差と社会的包摂』講談社現代新書、二〇一一年。

7　ビル・ゲイツ「よりよい世界のためのイノベーション」、五井平和財団編『これから資本主義はどう変わるのか――17人の賢人が語る新たな文明のビジョン』英治出版、二〇〇〇年、二〇頁。

8　同、一四頁。

9　同、一五頁。

10　「緑の革命」とは、一九四〇年代から六〇年代にかけて、第三世界の農業を科学に基づいて「変革」しようとした一連のプロジェクトを指す。ロックフェラー財団やフォード財団が主導的な役割を果たしたこの「革命」に対して、特定の品種の収穫量を大幅に増加させ低価格化をもたらしたという肯定的な評価がある反面で、生物の多様性を蔑ろにして自然の持続可能性を損ね、一部の農民の貧困を助長して農民間の格差を広げたという負の側面も指摘されている。詳細については、Vandana Shiva, *The Violence of the Green Revolution: Third World Agriculture, Ecology, and Politics.* London: Zed Books, 1991.（浜谷喜美子訳『緑の革命とその暴力』日本経済評論社、一九九七年）を参照のこと。

11 S. George, *Whose Crisis, Whose Future?: Towards a Greener, Fairer, Richer World.* Cambridge, U.K.: Polity, 2010.（荒井雅子訳『これは誰の危機か、未来は誰のものか――なぜ１％にも満たない富裕層が世界を支配するのか』岩波書店、二〇一一年）。邦訳七七―八四頁。

12 同、八四頁。

13 P. Polak, "Design for the Other 90%," In *Design for the Other 90%.* Cynthia E. Smith, ed, 2007.（前出『世界を変えるデザイン』）邦訳五五―五六頁。

14 Abhijit V. Banerjee and Esther Duflo, *Poor Economics: A Radical Rethinking of the Way to Fight Global Poverty.* New York: Public Affairs, 2011.（山形浩生訳『貧乏人の経済学――もういちど貧困問題を根っこから考える』みすず書房、二〇一二年）は、貧困の問題を、経済的な要因からだけでなく、政治、文化、教育、健康衛生などの諸要因から分析し、多角的に解決することを提案する。社会の複雑さを考慮しながら貧困を解決する糸口を探ろうとしている点で評価される。しかしそれでも、国や地域の固有性は重視しておらず、それぞれの貧困の背後にある歴史には重きを置いていない点で限界がある。

15 逆にＮＰＯ法人の中には、「社会貢献」や「市民の代表者」という名目を掲げては、行政に「たかる」組織もある。

16 M・ブリントン、玄田有史監修、池村千秋訳『失われた場を探して――ロストジェネレーションの社会学』ＮＴＴ出版、二〇〇八年。

17 非人間的な労働条件や労働環境とは、物理的に過酷な労働、強制的な長時間労働、違法な低賃金などであり、大方の人の意見は一致するであろう。しかし、「望ましい働く場」となると、人によって異なり、話は単純でなくなる。複雑な業務、人とのつきあいが密な職場、頭脳労働を好む人もいれば、逆に、単純作業やさほど考えることなく一人で没頭できる作業を求める人もいる。筆者が調査したトヨタおよび日産の労働現場では、高校や大学を中退した者、働く場を転々としてきた者、働く直前まで「引きこもり」同然であった者が少なくなかった（伊原亮司『トヨタの労働現場――ダイナミズムとコンテクスト』桜井書店、二〇〇三年。同「トヨタと日産における管理と労働者の比較研究（3）」『岐阜大学地域科学部研究報告』22、二〇〇八年、一二九―一六二頁）。本書第五章で明らかにしたように、彼らの中には、強制的にコミュニケーションをとらされる職場が苦手であり、それが嫌で辞めてしまう人もいた。阿部真大『居場所の社会学――生きづらさを超えて』（日本経済新聞社、二〇一一年）は、社会で「居場所」を失った人に対する対策として、職場の中で積極的にコミュニケーションをとらせながら「居場所」を確保させる方法と、逆に、コミュニケーションをとらなくてすむ「ひとりの居場所」をつくることによって、働くことへの敷居を下げる方法を提案する。社会的に排除されてきた者の実状を理解した提案である。ただし、働き出した当初は一人作業を好んでいたが、仕事に慣れると、より複雑な業務や他者との関わりを持ちたいと思うようになる人もいる。望ましい職場環境とは、人により異なるだけでなく、キャリアの形成段階で変化する。したがって、「人間らしい職場環境」を机上で構想するよりも、誰にとっても共通する劣悪な条件や環境を取り除いた上で、働き方の決定過程に労働者自身が参加できるようにすることが必要であり、働く者の意向が聞き入れられることが望ましいと、筆者は考える。

18　仁平典宏『「ボランティア」の誕生と終焉――〈贈与のパラドックス〉の知識社会学』（名古屋大学出版会、二〇一一年）がボランティアについて指摘するように、「文脈抜きの動員批判は、文脈抜きの協働擁護と同じぐらい」無意味である（四二四頁）。

19　「労働CSR」を追及するNPOがある。「人間らしい労働」の基準を広めようとする活動であり、その理念は望ましいと考えられる。しかし、運営実態を見ると、事は単純ではないことに気づかされる。そのNPOを前面に出す形で、大国の論理を後進国に押しつけたり、競争相手の企業を排除したりするケースがあるからだ（吾郷眞一『労働C

SR入門』講談社現代新書、二〇〇七年）。社会的な活動自体が悪いわけではない。しかし、活動を取り巻く力学に、活動を崇高な理念から遠ざける力学に自覚的でなければならない。

## 第八章

1 西谷敏『人権としてのディーセント・ワーク』旬報社、二〇一〇年。

2 主流派の労働組合は、最近でこそ女性の労働者を守ることを活動目標として積極的に掲げるようになったが（脇坂明・電機連合総合研究センター編『働く女性の世紀――いま、働く女性に労働組合は応えられるか』（第一書林、二〇〇二年）、高木郁朗・連合総合男女平等局編『女性と労働組合』（明石書店、二〇〇四年））、女性労働者や非正規労働者など、「周辺」に位置する労働者全般を軽視してきた。

3 橋口昌治・肥下彰男・伊田広行『〈働く〉ときの完全装備――十五歳から学ぶ労働者の権利』解放出版社、二〇一〇年。

4 新しい生き方基準をつくる会『フツーを生きぬく進路術――17歳編』青木書店、二〇〇五年。

5 森岡孝二編『就活とブラック企業』岩波書店、二〇一一年。

6 大内伸哉『どこまでやったらクビになるか――サラリーマンのための労働法入門』新潮社、二〇〇八年。

7 労働者を守る弁護士有志の会『それでは、訴えさせていただきます――大解雇時代を生き抜く』角川・エス・エス・コミュニケーションズ、二〇〇九年。

8 労働局のあっせんや労働審判制度の利用実態については、東京大学社会科学研究所『労働審判制度についての意識調査基本報告書』（東京大学社会科学研究所、二〇一一年）、労働政策研究・研修機構『日本の雇用終了――労働局のあっせん事例から』（労働政策研究・研修機構、二〇一二年）を参照のこと。

9 遠藤公嗣編『個人加盟ユニオンと労働ＮＰＯ――排除された労働者の権利擁護』（ミネルヴァ書房、二〇一二年）所収の事例を参照のこと。笹山尚人『人が壊れてゆく職場――自分を守るために何が必要か』（光文社新書、二〇〇八年）は支援する弁護士の立場から、実際に取り扱った事例を紹介している。

10 中村圭介『壁を壊す』（教育文化協会、二〇〇九年）。河西宏祐『路面電車を守った労働組合――私鉄広電支部・小原保行と労働者群像』（平原社、二〇〇九年）は、会社にモノ申す少数派組合が多数派になり、さらには契約社員を組合に加入させて正社員化することに成功した、私鉄広電の事例を紹介している。

11 ただし、高度経済成長が終わりを迎えた七〇年代後半には、すでに所得格差・資産格差が露になり、マーケティング手法は階層ごとに細分化されるようになり、否応なしに消費は階層ごとに分化されるようになった（小沢雅子『新「階層消費」の時代――消費市場をとらえるニューコンセプト』日本経済新聞社、一九八五年）。すべての国民が同じようにバブル消費に浮かれていたわけではなかったのである。

12 若者の消費控えの現象については、山岡拓『欲しがらない若者たち』（日経プレミアシリーズ、二〇〇九年）が詳しい。

13 歴史を振り返ると、働くことに勤勉さの美徳、喜び、人間性の涵養を見いだそうとする労働倫理は近代以降に生まれたものであり、人類にとって普遍的な特徴ではないことがわかる（今村仁司『仕事』弘文堂、一九八八年、同『近代の労働観』岩波新書、一九九八年、杉村芳美『脱近代の労働観――人間にとって労働とは何か』ミネルヴァ書房、一九九〇年、武田晴人『仕事と日本人』ちくま新書、二〇〇八年）。

14 だめ連編『だめ連宣言！』作品社、一九九九年、五頁。

15 松本哉『貧乏人の逆襲！――タダで生きる方法』筑摩書房、二〇〇八年。

16 毛利嘉孝『ストリートの思想――転換期としての１９９０年代』日本放送出版協会、二〇〇九年。渡邊太『愛とユーモアの社会運動論――末期資本主義を生きるために』北大路書房、二〇一二年。

17 五野井郁夫『「デモ」とは何か――変貌する直接民主主義』ＮＨＫ出版、二〇一二年。

18 TwitNoNukes 編（『デモいこ！――声をあげれば世界が変わる　街を歩けば社会が見える』河出書房新社、二〇一一年。

19 守村大『新白河原人——遊んで暮らす究極DIY生活』講談社、二〇一一年。
20 Do it yourself の略。生活空間を自分たちで作ろうとする活動、運動、思想を指す。
21 高村友也『Bライフ——10万円で家を建てて生活する』秀和システム、二〇一一年、一〇頁。
22 坂口恭平『TOKYO　0円ハウス0円生活』大和書房、二〇〇八年。同『ゼロから始める都市型狩猟採集生活』太田出版、二〇一〇年。
23 同『ゼロから始める都市型狩猟採集生活』五六頁。
24 同、一四五頁。
25 同、一四八頁。
26 以下、pha『ニートの歩き方——お金がなくても楽しく暮らすためのインターネット活用法』技術評論社、二〇一二年。
27 同、一五三頁。
28 同、六七頁。
29 同、六頁。
30 同、一一七—一一九頁。
31 同、六三頁。
32 同、六一頁。
33 同、二三一頁、強調伊原。
34 同、二三六頁。
35 似たような文脈で「引きこもり」を肯定的に解釈する論者もいる。吉本隆明『ひきこもれ——ひとりの時間をもつということ』（大和書房、二〇〇二年）は、引きこもることをひとりで思索する大切な時間を持つことと捉えて好意的に評価する。引きこもり、不登校、ニートの若者の再出発を支援するNPO法人「ニュースタート事務局」を運営してきた二神能基は、「引きこもり」とは「人間としての本能的な危機感」（二神能基「ニート・ひきこもりが教えてくれること」、小谷敏・土井隆義・芳賀学・浅野智彦編『労働――若者の現在』日本図書センター、二〇一〇年、三一一頁）の現れであり、自分を守るために必要なこととして解釈し、「ニート・ひきこもりの若者たちは、私たち二十世紀的価値観によるヴァーチャルな自立強迫に、静かに個別に哲学的ストライキを仕掛けてきている」と分析する（同、三一二頁）。「引きこもり」を学校や社会に対する「ささやかな抵抗」として位置づけ、「個人的ひきこもり」を「集団的ひきこもり」に変えるという新たな視点を打ち出している（同、三一七―三一八頁）。

36　本論では、紙幅の都合上、このような生き方をする人たちの具体的な「稼ぎ方」については紹介できなかった。別稿で検討する予定であるが、興味深い例を一つ挙げると、伊藤洋志『ナリワイをつくる――人生を盗まれない働き方』（東京書籍、二〇一二年）は、一つの会社、一つの収入源に頼るのではなく、複数の「ナリワイ」を掛け持つ稼ぎ方を提案する。新自由主義に適合的な「新しい働き方」という面がないわけではないが、自分ひとりでどうにかしようとするのではなく、事業の「成功」にこだわるわけでもなく、身の丈にあった「ナリワイ」を起こし、仲間と支えあい、消費に囚われた生活から退こうとする点に独自性がある。

37　なお「ノンエリート」の若者たちであっても、労働―消費中心の生活から降ろされるのを心ならず受け入れるだけでなく、能動的に自分たちの世界を取り戻し、広げようとしている面がある。中西新太郎・高山智樹編『ノンエリート青年の社会空間――働くこと、生きること、「大人になる」ということ』（大月書店、二〇〇九年）所収の事例研究は、従来の「ライフコース」から「こぼれ落ちた」若者たちが、「さまよい」ながらも自分たちの文化を積極的に再構築していく過程を描き出している。

38　M. Mies, *Patriarchy and Accumulation on a World Scale*. London: Zed Books, 1986.（奥田暁子訳『国際分業と女性――進化する主婦化』日本経済評論社、一九九七年）。

# 参照文献

## 第一章

Abegglen, James C. *The Japanese Factory: Aspects of its Social Organization.* Glencoe, Ill.: Free Press, 1958.（占部都美監訳『日本の経営』ダイヤモンド社、一九五八年）。

荒井千暁『職場はなぜ壊れるのか――産業医が見た人間関係の病理』ちくま新書、二〇〇七年。

有賀貞一「情報産業の直面する労働問題――多面的な産業構造の問題に根ざす」『法とコンピュータ』No. 26、二〇〇八年、五三―六三頁。

Braverman, Harry. *Labor and Monopoly Capital: The Degradation of Work in the Twentieth Century.* New York: Monthly Review Press, 1974.（富沢賢治訳『労働と独占資本』岩波書店、一九七八年）。

Drucker, P. F. *The End of Economic Man: The Origins of Totalitarianism.* New York: Harper & Row, 1939.（上田惇生訳『経済人の終わり』ダイヤモンド社、二〇〇七年）。

――*The Future of Industrial Man: A Conservative Approach.* New York: John Day Co., 1942.（上田惇生訳『産業人の未来』ダイヤモンド社、一九九八年）。

――*The New Society: The Anatomy of Industrial Order.* New York: Harper & Row, 1950.（現代経営研究会訳『新しい社会と新しい経営』ダイヤモンド社、一九五七年）。

――*The Practice of Management.* New York: Harper & Row, 1954.（上田惇生訳『現代の経営（上・下）』ダイヤモンド社、一九九六年）。

――*Concept of the Corporation.* John Day Co., 1962.（上田惇生訳『企業とは何か』ダイヤモンド社、二〇〇八年）。

――*The Effective Executive.* New York: Harper & Row, 1966.（野田一夫、川村欣也訳『経営者の条件』ダイヤモンド社、

一九六六年）。

——*The Age of Discontinuity: Guidelines to our Changing Society*. New York: Harper & Row, 1969.（林雄二郎訳『断絶の時代——来たるべき知識社会の構想』ダイヤモンド社、一九六九年）。

——"What We can Learn from Japanese Management," *Harvard Business Review*. Mar.-Apr., 1971, pp. 110-122.（「日本の経営から学ぶもの」『ハーバード・ビジネス・レビュー』（日本版）ダイヤモンド社、二〇一〇年六月、七六—八一頁）。

——*Management: Tasks, Responsibilities, Practices*. New York: Harper & Row, 1974.（上田惇生訳『マネジメント——課題、責任、実践（上・中・下）』ダイヤモンド社、二〇〇八年）。

——*Adventures of a Bystander*. New York: Harper & Row, 1979.（風間禎三郎訳『傍観者の時代』ダイヤモンド社、一九七九年）。

——"Behind Japan's Success," *Harvard Business Review*. Jan.-Feb, 1981.（「日本の成功の背後にあるもの」『ハーバード・ビジネス・レビュー』二〇一〇年六月）。

——*Innovation and Entrepreneurship: Practice and Principles*. New York: Harper & Row, 1985.（上田惇生、佐々木実智男訳『イノベーションと企業家精神——実践と原理』ダイヤモンド社、一九八五年）。

——*Managing for the Future: The 1990s and Beyond*. New York: Dutton, 1992.（上田惇生、佐々木実智男、田代正美訳『未来企業——生き残る組織の条件』ダイヤモンド社、一九九二年）。

——*Post-Capitalist Society*. New York: Harper Business, 1993.（上田惇生、佐々木実智男、田代正美訳『ポスト資本主義社会——世紀の組織と人間はどう変わるか』ダイヤモンド社、一九九三年）。

——*Management Challenges for the 21st Century*. New York: Harper Business, 1999.（上田惇生訳『明日を支配するもの——世紀のマネジメント革命』ダイヤモンド社、一九九九年）。

——上田惇生編訳『マネジメント——基本と原則（エッセンシャル版）』ダイヤモンド社、二〇〇一年。

——*Managing in the Next Society*. New York: Truman Talley Books, 2002.（上田惇生訳『ネクスト・ソサエティ』ダイヤモ

ンド社、二〇〇二年）。

——*A Functioning Society*. New Brunswick, NJ.: Transaction Publishers, 2003.（上田惇生訳『プロフェッショナルの条件——いかに成果をあげ、成長するか』ダイヤモンド社、二〇〇〇年）。

——上田惇生編訳『仕事の哲学——最高の成果をあげる』ダイヤモンド社、二〇〇三年。

——牧野洋訳『ドラッカー二〇世紀を生きて——私の履歴書』日本経済新聞社、二〇〇五年。

ドラッカー、ピーター述、日本事務能率協会編『競争世界への挑戦——日本の経営に提言する』日本事務能率協会、一九六二年。

ドラッカー、ピーター述、日本経営協会編『経営とはなにか』日本経営出版会、一九六四年。

ドラッカー、ピーター、エズラ・ボーゲルほか、久野桂ほか訳『ハーバード・ビジネスの日本診断——対日戦略のシナリオ』ダイヤモンド社、一九八三年。

伊原亮司「「ＩＴ革命」と現代の労働・産業社会学」北川隆吉監修、中川勝雄・藤井史朗編『労働世界への社会学的接近』学文社、二〇〇六年、四四—七六頁。

——「農村工業の経営管理と労働」白樫久他編『中山間地域は再生するか——郡上和良からの報告と提言』アカデミア出版会、二〇〇八年、一五三—一七七頁。

Jacoby, Sanford M. *The Embedded Corporation: Corporate Governance and Employment Relations in Japan and the United States*. Princeton: Princeton University Press, 2005.（鈴木良始、伊藤健市、堀龍二訳『日本の人事部・アメリカの人事部——日米企業のコーポレート・ガバナンスと雇用関係』東洋経済新報社、二〇〇五年）。

城繁幸『内側から見た富士通——「成果主義」の崩壊』光文社、二〇〇四年。

情報処理推進機構ＩＴ人材育成本部編『ＩＴ人材白書　２０１０』オーム社、二〇一〇年。

上井喜彦・野村正實編『日本企業——理論と現実』ミネルヴァ書房、二〇〇一年。

熊沢誠『働きすぎに斃れて——過労死・過労自殺の語る労働史』岩波書店、二〇一〇年。

丸尾拓養「ＩＴ産業の展開と従業員の法的地位——請負・派遣の区分をめぐって」『法とコンピュータ』No. 26、二〇〇八年、一三—一八頁。
McGregor, D. *The Human Side of Enterprise*. New York: McGraw-Hill, 1960.（高橋達男訳『企業の人間的側面——統合と自己統制による経営』産業能率短期大学出版部、一九七〇年）。
中村圭介『成果主義の真実』東洋経済新報社、二〇〇六年。
Ouchi, William G. *Theory Z: How American Business can Meet the Japanese Challenge*. Reading, Mass.: Addison-Wesley, 1981.（徳山二郎監訳『セオリーＺ——日本に学び、日本を超える』ＣＢＳ・ソニー出版、一九八一年）。
Pascale, Richard T. and Anthony G. Athos, *The Art of Japanese Management: Applications for American Executives*. New York: Simon and Schuster, 1981.（深田祐介訳『ジャパニーズ・マネジメント——日本的経営に学ぶ』講談社、一九八一年）。
渋沢栄一『論語と算盤』忠誠堂、一九二八年。
Taylor, Frederick Winslow. *The Principles of Scientific Management*. New York: Harper, 1911.（上野陽一訳編『科学的管理法』産業能率短期大学出版部、一九五七年）。
八尋俊英・片山弘士「ＩＴ産業界における労働問題とＩＴ人材育成施策」『法とコンピュータ』No. 26、二〇〇八年、一九—二四頁。
Vogel, Ezra F. *Japan as Number One: Lessons for America*. Cambridge, Mass. & London: Harvard University Press, 1979.（広中和歌子、木本彰子訳『ジャパンアズナンバーワン——アメリカへの教訓』ティビーエス・ブリタニカ、一九七九年）。

## 第二章

塩路一郎『日産自動車の盛衰——自動車労連会長の証言』緑風出版、二〇一二年。

## 第三章


千田忠男『現代の労働負担』文理閣、二〇〇三年。

傳田健三『若者の「うつ」』ちくまプリマー新書、二〇〇九年。

春田吉備彦「新入社員の業務上の「新しいタイプのうつ病」罹患と使用者の安全配慮義務――富士通四国システムズ事件・大阪地裁判決（平成20・5・26）」『労働法律旬報』1707号、二〇〇九年、一六―二〇頁。

Inoue, Akiomi. Norito Kawakami, Masao Tsuchiya, Keiko Sakurai, and Hideki Hashimoto. "Association of Occupation, Employment Contract, and Company Size with Mental Health in a National Representative Sample of Employees in Japan," *Journal of Occupational Health* 52, 2010, pp. 227-240.

稲村圭『若手行員が見た銀行内部事情――なぜ僕は希望に満ちて入社したメガバンクをわずか2年足らずで退職したのか』アルファポリス文庫、二〇〇六年、単行本、二〇〇三年。

今井保次「管理職の精神的ストレス」『日本労働研究雑誌』No. 474、一九九九年、三三―三八頁。

Ishizaki, Masao. Norito Kawakami, Ryumon Honda, Hideaki Nakagawa, Yuko Morikawa, Yuichi Yamada, and The Japan Work Stress and Health Cohort Study Group. "Psychosocial Work Characteristics and Sickness Absence in Japanese Employees," *Int Arch Occup Environ Health* 79, 2006, pp. 640-646.

井寄奈美『トラブルにならない　社員の正しい辞めさせ方　給料の下げ方』日本実業出版社、二〇〇九年。

Kawaharada, Mariko. Yasuaki Saijo, Eiji Yoshioka, Tetsuro Sato, Hirokazu Sato, and Reiko Kishi. "Relations of Occupational Stress to Occupational Class in Japanese Civil Servants: Analysis by Two Occupational Stress Models," *Industrial Health* 45(2), 2007, pp. 247-255.

川人博『過労死と企業の責任』労働旬報社、一九九一年。

Kawakami, Norio. Takashi Haratani, Fumio Kobayashi, Masao Ishizaki, Takeshi Hayashi, Osamu Fujita, Yoshiharu Aizawa, Shogo

Miyazaki, Hisanori Hiro, Takeshi Masumoto, Shuji Hashimoto, and Shunichi Araki. "Occupational Class and Exposure to Job Stressors among Employed Men and Women in Japan," *Journal of Epidemiology* Vol. 14, No. 6 November, 2004, pp. 204-211.

香山リカ『「私はうつ」と言いたがる人たち』ＰＨＰ研究所、二〇〇八年。

小林美希『ルポ〝正社員〟の若者たち――就職氷河期世代を追う』岩波書店、二〇〇八年。

故藤本正弁護士著作編集企画刊行委員会編『労働運動と労働者の権利――弁護士藤本正労働弁護の軌跡』中央大学出版部、二〇〇三年。

熊野英生「「うつ」を生み出す企業内事情――30代の〝心の病〟はなぜ起きるのか」、ＮＨＫ取材班編『30代の〝うつ〟――会社で何が起きているのか』ＮＨＫ出版、二〇〇七年、四二―六二頁。

熊沢誠『働きすぎに斃れて――過労死・過労自殺の語る労働史』岩波書店、二〇一〇年。

小関智弘『大森界隈職人往来』岩波書店、二〇〇二年。朝日新聞社より一九八一年。

Lennon, Mary Clare. and Laura Limonic. "Work and Unemployment as Stressors," In Teresa L. Scheid, and Tony N. Brown(eds.), *A Handbook for the Study of Mental Health: Social Contexts, Theories, and Systems.* Second Edition, New York: Cambridge University Press, 2010, pp. 213-225.

水野恵理子・佐藤都也子・岩崎みすず・坂井郁恵「勤労者のストレス状況とメンタルヘルス支援――職業性ストレス簡易調査票を用いて」『山梨大学看護学会誌』第六巻、第二号、二〇〇八年、三一―三六頁。

水谷英夫『職場のいじめ――「パワハラ」と法』信山社、二〇〇六年。

森清『町工場のロボット革命』ダイヤモンド現代選書、一九八二年。

森岡孝二『企業中心社会の時間構造――生活摩擦の経済学』青木書店、一九九五年。

守島基博「成果主義の浸透が職場に与える影響」『日本労働研究雑誌』No. 474、一九九九年、二―一四頁。

宗像恒次編『働く人たちのストレスサバイバル――いじめ・リストラ・セクハラ』明石書店、二〇〇〇年。

中村圭介『成果主義の真実』東洋経済新報社、二〇〇六年。

ＮＨＫ取材班編『30代の〝うつ〟――会社で何が起きているのか』ＮＨＫ出版、二〇〇七年。

日本人のストレス実態調査委員会編『データブック　ＮＨＫ　現代日本人のストレス』ＮＨＫ出版、二〇〇三年。

野村総一郎『うつ病の真実』日本評論社、二〇〇八年。

落合美貴子『バーンアウトのエスノグラフィー――教師・精神科看護師の疲弊』ミネルヴァ書房、二〇〇九年。

大野正和『自己愛化する仕事――メランコからナルシスへ』労働調査会、二〇一〇年。

大谷藤郎『現代のスティグマ――ハンセン病・精神病・エイズ・難病の艱難』勁草書房、一九九三年。

岡井崇、千葉康之、塚田真紀子、松丸正、川人博『壊れゆく医者たち』岩波書店、二〇〇八年。

Parker, Mike. and Jane Slaughter. *Choosing Sides: Unions and the Team Concept*. Boston: South End Press, 1988.（戸塚秀夫監訳『米国自動車工場の変貌――「ストレスによる管理」と労働者』緑風出版、一九九五年）。

労働政策研究・研修機構『労働政策研究報告書　No. 40　成果主義と働くことの満足度――２００４年ＪＩＬＰＴ「労働者の働く意欲と雇用管理のあり方に関する調査」の再集計による分析』労働政策研究・研修機構、二〇〇五年。

労働政策研究・研修機構『ＪＩＬＰＴ調査シリーズ　No. 51　従業員の意識と人材マネジメントの課題に関する調査』労働政策研究・研修機構、二〇〇八年。

高橋修「民間企業従業員のストレス反応と成果主義の関連性――人的資源管理の視点からの分析」『産業ストレス研究』第11巻第4号、二〇〇四年、二五七―二六八頁。

田中堅一郎『荒廃する職場／反逆する従業員』ナカニシヤ出版、二〇〇八年。

田尾雅夫『会社人間はどこへいく――逆風下の日本的経営のなかで』中央公論社、一九九八年。

富樫誠二、森永幸子、新居田茂充、田中亮、常川幸生「リハビリテーションの現場における感情労働の実態とメンタルヘルス――なぜ理学療法士は疲れるのか」『理学療法の臨床と研究』第14号、二〇〇五年、六五―七一頁。

冨高辰一郎『なぜうつ病の人が増えたのか』幻冬舎ルネッサンス、二〇〇九年。

Tsuno, Kanami. Norito Kawakami, Akiomi Inoue and Kiyoko Abe. "Measuring Workplace Bullying: Reliability and Validity of the

"Japanese Version of the Negative Acts Questionnaire," *Journal of Occupational Health* 52, 2010, pp. 216-226.

Tsutsumi, Akizumi. Kazunori Kayaba, Tores Theorell and Johannes Siegrist. "Association between Job Stress and Depression among Japanese Employees Threatened by Job Loss in a Comparison between Two Complementary Job-Stress Models," *Scand J Work Environ Health* 27(2), 2001, pp. 146-153.

吉田由美『「問題社員」の対処法』宝島社文庫、二〇〇三年。

## 第四章

Abegglen, J. C. *The Japanese Factory: Aspects of its Social Organization*. Glencoe, Ill.: Free Press, 1958.（占部都美監訳『日本の経営』ダイヤモンド社、一九五八年）。

Barley, Stephen R. and Gideon Kunda. *Gurus, Hired Guns, and Warm Bodies: Itinerant Experts in a Knowledge Economy*. Princeton and Oxford: Princeton University Press, 2004.

Baudelot, Christian. and Roger Establet. *Suicide: Lénvers de notre monde*. Paris: Éditions du Seuil, 2006.（山下雅之・都村聞人・石井素子訳『豊かさのなかの自殺』藤原書店、二〇一二年）。

Bauman, Z. *Liquid Modernity*. Cambridge, U. K.: Polity Press, 2000.（森田典正訳『リキッド・モダニティ——液状化する社会』大月書店、二〇〇一年）。

Bennett, A. *The Death of the Organization Man: What Happens When the New Economic Realities Change the Rules for Survival at your Company*. New York: Simon & Schuster, 1990.

Casey, C. *Works, Self and Society: After Indusutrialism*. London & New York: Routledge, 1995.

中馬宏之『日本型「雇用調整」』集英社、一九九四年。

Deal, Terrence E. and Allan A. Kennedy. *Corporate Cultures: Symbolic Managers*. Mass.: Addison-Wesley, 1982.（城山三郎訳『シンボリックマネジャー』新潮社、一九八三年）。

Doeringer, Peter B. and Michael J. Piore. *Internal Labor Markets and Manpower Analysis*. Lexington, Mass.: Heath, 1971.

Durkheim, Émile. *Le suicide: Étude de sociologie*. Paris: Félix Alcan, 1897.（宮島喬訳『自殺論』中公文庫、一九八五年）。

Fleming, Peter. and André Spicer. "Working at a Cynical Distance: Implications for Subjectivity, Power and Resistance," *Organization* 10(1), 2003. pp. 157-179.

Fleming, Peter. and André Spicer. "Beyond Power and Resistance: New Approaches to Organizational Politics," *Management Communication Quarterly* Vol. 21, No. 3, 2008, pp. 301-309.

藤本武『労働時間』岩波新書、一九六三年。

福島香織『中国絶望工場の若者たち――「ポスト女工哀史」世代の夢と現実』ＰＨＰ研究所、二〇一三年。

Galbraith. J. K. *The New Industrial State*. Boston: Houghon Mifflin Co., 1967.（斎藤精一郎訳『新しい産業国家（上・下）』講談社文庫、一九八四年）。

玄田有史『仕事のなかの曖昧な不安――揺れる若年の現在』中央公論新社、二〇〇一年。

Hall, R. E. "The Importance of Lifetime Jobs in the U. S. Economy," *American Economic Review* 72, 1982, pp. 716-724.

Hammer, M. and James Champy. *Reengineering the Corporation: A Manifesto for Business Revolution*. New York: Harper Business, 1993.（野中郁次郎監訳『リエンジニアリング革命――企業を根本から変える業務革新』日本経済新聞社、一九九三年）。

Heckscher, C. *White-Collar Blues: Management Loyalties in an Age of Corporate Restructuring*. New York: Basic Books, 1995.（飯田雅美訳『ホワイトカラー・ブルース――忠誠心は変容し、プロフェッショナルの時代が来る』日経ＢＰ出版センター、一九九五年）。

Hirschman, A. O. *Exit, Voice, and Loyalty: Responses to Decline in Firms, Organizations, and States*. Cambridge, Mass.: Harvard University Press, 1970.（矢野修一訳『離脱・発言・忠誠――企業・組織・国家における衰退への反応』ミネルヴァ書房、二〇〇五年）。

細川汀・上畑鉄之丞・田尻俊一郎『過労死——脳・心臓系疾病の業務上認定と予防』労働経済社、一九八二年。

Jacoby, S. M. *Employing Bureaucracy: Managers, Unions, and the Transformation of Work in the 20th Century(Rev. ed.)*. Mahwah. NJ.: Lawrence Erlbaum Associates, 2004.（荒又重雄・木下順・平尾武久・森杲訳『雇用官僚制——アメリカの内部労働市場と〝良い仕事〟の生成史（原著改訂版）』北海道大学出版会、二〇〇五年）。

城繁幸『7割は課長にさえなれません——終身雇用の幻想』ＰＨＰ新書、二〇一〇年。

川人博『過労死と企業の責任』労働旬報社、一九九〇年。

川人博『過労自殺』岩波新書、一九九八年。

Kondo, D. K. *Crafting Selves: Power, Gender, and Discourses of Identity in a Japanese Workplace*. Chicago & London: The University of Chicago Press, 1990.

熊沢誠『働きすぎに斃れて——過労死・過労自殺の語る労働史』岩波書店、二〇一〇年。

黒田兼一・山崎憲『フレキシブル人事の失敗——日本とアメリカの経験』旬報社、二〇一二年。

京都大学『自殺の経済社会的要因に関する調査研究報告書』京都大学経済研究所附属先端政策分析研究センター、二〇〇六年。

Leinberger, Paul. and Bruce Tucker. *The New Individualists: The Generation after The Organization Man*. New York: Harper Collins Publishers, 1991.

Mills, C. W. *White Collar: The American Middle Classes*. New York: Oxford Univ. Press, 1951.（杉政孝訳『ホワイト・カラー——中流階級の生活探求』東京創元社、一九七一年）。

森岡孝二『企業中心社会の時間構造——生活摩擦の経済学』青木書店、一九九五年。

森岡孝二『働きすぎの時代』岩波新書、二〇〇五年。

Noer, D. *Healing the Wounds: Overcoming the Trauma of Layoffs and Revitalizing Downsized Organizations*. San Francisco: Jossey-Bass, 1993.

Noer, D. "Leading Organizations through Survivor Sickness: A Framework for the New Millennium," In Burke and Cooper (eds.), *The Organization in Crisis*. Oxford: Blackwell, 2000, pp. 235-250.

小笠原祐子『ＯＬたちの「レジスタンス」——サラリーマンとＯＬのパワーゲーム』中公新書、一九九八年。

大野正和『過労死・過労自殺の心理と職場』青弓社、二〇〇三年。

小倉一哉『過働社会ニッポン——長時間労働大国の実態に迫る』日経ビジネス人文庫、二〇一一年。

Ouchi, W. G. *Theory Z: How American Business Can Meet the Japanese Challenge*. Reading, Mass.: Addison-Wesley, 1981.（徳山二郎監訳『セオリーＺ——日本に学び、日本を超える』ＣＢＳ・ソニー出版、一九八一年）。

Packard, V. O. *The Pyramid Climbers*. New York: McGraw-Hill, 1962.（徳山二郎・波羅勉訳『ピラミッドを登る人々　パッカード著作集４』ダイヤモンド社、一九六三年）。

Pascale, Richard T. and Anthony G. Athos. *The Art of Japanese Management*. New York: Simon & Schuster, 1981.（深田祐介訳『ジャパニーズ・マネジメント』講談社文庫、一九八三年）。

Peters, T. J. and R. H. Waterman. *In Search of Excellence: Lessons from America's Best-Run Companies*. New York: Harper & Row, 1982.（大前研一訳『エクセレント・カンパニー——超優良企業の条件』講談社、一九八三年）。

Roberts, G. S. *Staying on the Line: Blue-Collar Women in Contemporary Japan*. Honolulu: University of Hawaii Press, 1994.

斎藤貴男『強いられる死——自殺者三万人超の実相』（角川学芸出版、二〇〇九年）。

Sennett, R. *The Corrosion of Character: The Personal Consequences of Work in the New Capitalism*. New York: W. W. Norton, 1998.（斎藤秀正訳『それでも新資本主義についていくか——アメリカ型経営と個人の衝突』ダイヤモンド社、一九九九年）。

Schor, J. B. *The Overworked American: The Unexpected Decline of Leisure*. New York: Basic Books, 1992.（森岡孝二・成瀬龍夫・青木圭介・川人博訳『働きすぎのアメリカ人——予期せぬ余暇の減少』窓社、一九九三年）。

高橋伸夫『できる社員は「やり過ごす」』日経ビジネス人文庫、二〇〇二年。

田中洋子「作業服の時間――１９８２年Ａ金属東京工場における日常性の構造 ①〜⑫・完」『大原社会問題研究所雑誌』四〇六号、四〇八号、四一〇号、四一一号、四一三号、四一五号―四一八号、四二二号、四二三号、四二七号、一九九二―九四年。
都留康『労使関係のノンユニオン化――ミクロ的・制度的分析』東洋経済新報社、二〇〇二年。
上畑鉄之丞『働きざかりの突然死』太陽企画出版、一九八〇年。
Whyte, W. H. *The Organization Man*. New York: Simon and Schuster, 1956.（岡部慶三・藤永保訳『組織のなかの人間――オーガニゼーション・マン（上・下）』創元社、一九五九年）。
Williamson, O. E. *Markets and Hierarchies: Analysis and Antitrust Implications*. New York: Free Press, 1975.（浅沼萬里・岩崎晃訳『市場と企業組織』日本評論社、一九八〇年）。
Yur'yev, Andriy. Airi Värnik, Peeter Värnik, Merike Sisask and Lauri Leppik. "Employment Status Influences Suicide Mortality in Europe," *International Journal of Social Psychiatry* XX(X), 2010, pp.1-7.

## 第五章

Coriat, B. *Penser a l'envers: Travail et organization dans l'entreprise japonaise*. Paris: Christian Bourgois, 1991.（花田昌宣、斉藤悦則訳『逆転の思考――日本企業の労働と組織』藤原書店、一九九二年）。

伊原亮司『トヨタの労働現場――ダイナミズムとコンテクスト』桜井書店、二〇〇三年。

加藤哲郎、ロブ・スティーヴン編『国際論争・日本型経営はポスト・フォーディズムか？』窓社、一九九三年。

Liker, Jeffrey K. *The Toyota Way: 14 Management Principles from the World's Greatest Manufacturer*. New York: McGraw-Hill, 2003.（稲垣公夫訳『ザ・トヨタウェイ』日経ＢＰ社、二〇〇四年）。

日経ＢＰ社トヨタリコール問題取材班編『不具合連鎖――「プリウス」リコールからの警鐘』日経ＢＰ社、二〇一〇年。

猿田正機『トヨタシステムと労務管理』税務経理協会、一九九五年。

猿田正機『トヨタウェイと人事管理・労使関係』税務経理協会、二〇〇七年。

辻勝次編『キャリアの社会学——職業能力と職業経歴からのアプローチ』ミネルヴァ書房、二〇〇七年。

内野さんの労災認定を支援する会『内野健一さん過労死裁判勝訴報告集　夫のがんばりを認めて!!』内野過労死裁判報告集編集委員会、二〇〇八年。

Womack, James P. Daniel T. Jones and Daniel Roos. *The Machine that Changed the World: Based on the Massachusetts Institute of Technology 5-Million Dollar 5-Year Study on the Future of the Automobile*. New York: Rawson Associates, 1990.（沢田博訳『リーン生産方式が世界の自動車産業をこう変える——最強の日本車メーカーを欧米が追い越す日』経済界、一九九〇年）。

### 第六章

赤木智弘『若者を見殺しにする国——私を戦争に向かわせるものは何か』双風舎、二〇〇七年。

Bell, D. *The Coming of Post-Industrial Society: A Venture in Social Forecasting*. New York: Basic Books, 1973.（内田忠夫・嘉治元郎・城塚登・馬場修一・村上泰亮・谷嶋喬四郎訳『脱工業社会の到来——社会予測の一つの試み』ダイヤモンド社、一九七五年）。

Drucker, P. F. *The Age of Discontinuity: Guidelines to our Changing Society*. New York: Harper & Row, 1969.（林雄二郎訳『断絶の時代——来たるべき知識社会の構想』ダイヤモンド社、一九六九年）。

遠藤公嗣『日本の人事査定』ミネルヴァ書房、一九九九年。

藤原和博『リクルートという奇跡』文藝春秋、二〇〇二年。

藤原和博『35歳の教科書——今から始める戦略的人生計画』幻冬舎、二〇〇九年。

玄田有史『働く過剰——大人のための若者読本』ＮＴＴ出版、二〇〇五年。

玄田有史『14歳からの仕事道（よりみちパン！セ）』理論社、二〇〇五年。

長谷川慶太郎『強い「個性」の経済学』講談社、一九八七年。

Hochschild, A. R. *The Managed Heart: Commercialization of Human Feeling*. Berkeley: University of California Press, 1983.（石川准・室伏亜希訳『管理される心――感情が商品になるとき』世界思想社、二〇〇〇年）。

本田由紀『多元化する「能力」と日本社会――ハイパー・メリトクラシー化のなかで』NTT出版、二〇〇五年。

本田由紀「ポスト近代社会化のなかの「能力」」、本田由紀編『労働再審1　転換期の労働と〈能力〉』大月書店、二〇一〇年、一一―五八頁。

堀紘一『サラリーマンなんか今すぐやめなさい』ビジネス社、二〇〇四年。

堀江貴文『稼ぐが勝ち――ゼロから100億円、ボクのやり方』光文社、二〇〇四年。

金井壽宏『働くひとのためのキャリア・デザイン』PHP新書、二〇〇二年。

苅谷剛彦『階層化日本と教育危機――不平等再生産から意欲格差社会へ』有信堂、二〇〇一年。

森建『勤めないという生き方』メディアファクトリー、二〇一一年。

村上龍『十三歳のハローワーク』幻冬舎、二〇〇三年。

村上龍『十三歳の進路』幻冬舎、二〇一〇年。

中尾啓子「正規雇用者の転職と地位達成」、谷岡一郎・仁田道夫・岩井紀子編『日本人の意識と行動――日本版総合的社会調査JGSSによる分析』東京大学出版会、二〇〇八年、一三五―一五〇頁。

西村幸満「減少する自営業の現在――初職と現職の就業選択」、谷岡一郎・仁田道夫・岩井紀子編『日本人の意識と行動――日本版総合的社会調査JGSSによる分析』東京大学出版会、二〇〇八年、一五一―一六三頁。

大前研一『サラリーマンサバイバル』小学館、一九九九年。

佐々木俊尚『仕事するのにオフィスはいらない――ノマドワーキングのすすめ』光文社新書、二〇〇九年。

鈴木良始『日本的生産システムと企業社会』北海道大学図書刊行会、一九九四年。

社会経済生産性本部編『企業が求める人間力』生産性出版、二〇〇六年。

社会経済生産性本部編『企業が求める人間力Ⅱ』生産性出版、二〇〇七年。

竹内章郎『新自由主義の嘘』岩波書店、二〇〇七年。

瀧本哲史『僕は君たちに武器を配りたい』講談社、二〇一一年。

山田昌弘『希望格差社会――「負け組」の絶望感が日本を引き裂く』筑摩書房、二〇〇四年。

湯浅誠『反貧困――「すべり台社会」からの脱出』岩波新書、二〇〇八年。

### 第七章

阿部彩『弱者の居場所がない社会――貧困・格差と社会的包摂』講談社現代新書、二〇一一年。

阿部真大『居場所の社会学――生きづらさを超えて』日本経済新聞出版社、二〇一一年。

吾郷眞一『労働ＣＳＲ入門』講談社現代新書、二〇〇七年。

Banerjee, Abhijit V. and Esther Duflo. *Poor Economics: A Radical Rethinking of the Way to Fight Global Poverty*. New York: Public Affairs, 2011.（山形浩生訳『貧乏人の経済学――もういちど貧困問題を根っこから考える』みすず書房、二〇一二年）。

ブリントン、Ｍ・、玄田有史監修、池村千秋訳『失われた場を探して――ロストジェネレーションの社会学』ＮＴＴ出版、二〇〇八年。

ゲイツ、Ｂ・、「よりよい世界のためのイノベーション」、五井平和財団編『これから資本主義はどう変わるのか――17人の賢人が語る新たな文明のビジョン』英治出版、二〇一〇年。

George, S. *Whose Crisis, Whose Future?: Towards a Greener, Fairer, Richer World*. Cambridge, U.K.: Polity, 2010.（荒井雅子訳『これは誰の危機か、未来は誰のものか――なぜ１％にも満たない富裕層が世界を支配するのか』岩波書店、二〇一一年）。

Hart, S. L. *Capitalism at the Crossroads: Next Generation Business Strategies for a Post-Crisis World (3rd ed.)*. Upper Saddle

River, NJ.: Wharton School Publishing, 2010.（石原薫訳『未来をつくる資本主義――世界の難問をビジネスは解決できるか〈増補改訂版〉』英治出版、二〇一二年）。

伊原亮司『トヨタの労働現場――ダイナミズムとコンテクスト』桜井書店、二〇〇三年。

伊原亮司「トヨタと日産における管理と労働者の比較研究（3）」『岐阜大学地域科学部研究報告』22、二〇〇八年、一二九―一六一頁。

神野直彦・牧里毎治『社会起業入門――社会を変えるという仕事』ミネルヴァ書房、二〇一二年。

Korten, D. C. *When Corporations Rule the World*. West Hartford, Conn.: Kumarian Press, 1995.（西川潤監訳、桜井文訳『グローバル経済という怪物――人間不在の世界から市民社会の復権へ』シュプリンガー・フェアラーク東京、一九九七年）。

London, Ted. and Stuart L. Hart. eds. *Next Generation Business Strategies for the Base of the Pyramid: New Approaches for Building Mutual Value*. Upper Saddle River, NJ.: FT Press, 2011.（清川幸美訳『ＢＯＰビジネス――市場共創の戦略』英治出版、二〇一二年）。

日本経団連社会貢献推進委員会編『ＣＳＲ時代の社会貢献活動』日本経団連出版、二〇〇八年。

仁平典宏『「ボランティア」の誕生と終焉――〈贈与のパラドックス〉の知識社会学』名古屋大学出版会、二〇一一年。

Polak, P. "Design for the Other 90%," In *Design for the Other 90%*. Cynthia E. Smith, ed., 2007.

Polak, P. *Out of Poverty: What Works When Traditional Approaches Fail*. San Francisco: Berrett-Koehler Publishers, 2008.（東方雅美訳『世界一大きな問題のシンプルな解き方――私が貧困解決の現場で学んだこと』英治出版、二〇一一年）。

Shiva, Vandana, *The Violence of the Green Revolution: Third World Agriculture, Ecology, and Politics*. London: Zed Books, 1991.（浜谷喜美子訳『緑の革命とその暴力』日本経済評論社、一九九七年）。

Smith, Cynthia E. ed. *Design for the Other 90%*. New York: Smithsonian Cooper-Hewitt, National Design Museum, 2007.（槌屋詩野監訳、北村陽子訳『世界を変えるデザイン――ものづくりには夢がある』英治出版、二〇〇九年）。

橘玲『貧乏はお金持ち――「雇われない生き方」で格差社会を逆転する』講談社、二〇〇九年。

## 第八章

新しい生き方基準をつくる会『フツーを生きぬく進路術――17歳編』青木書店、二〇〇五年。

だめ連編『だめ連宣言！』作品社、一九九九年。

遠藤公嗣編『個人加盟ユニオンと労働NPO――排除された労働者の権利擁護』ミネルヴァ書房、二〇一二年。

五野井郁夫『「デモ」とは何か――変貌する直接民主主義』NHK出版、二〇一二年。

橋口昌治・肥下彰男・伊田広行『「働く」ときの完全装備――十五歳から学ぶ労働者の権利』解放出版社、二〇一〇年。

二神能基「ニート・ひきこもりが教えてくれること」、小谷敏・土井隆義・芳賀学・浅野智彦編『労働――若者の現在』日本図書センター、二〇一〇年、二九一―三二三頁。

今村仁司『近代の労働観』岩波新書、一九九八年。

今村仁司『仕事』弘文堂、一九八八年。

伊藤洋志『ナリワイをつくる――人生を盗まれない働き方』東京書籍、二〇一二年。

河西宏祐『路面電車を守った労働組合――私鉄広電支部・小原保行と労働者群像』平原社、二〇〇九年。

松本哉『貧乏人の逆襲！――タダで生きる方法』筑摩書房、二〇〇八年。

Mies, M. *Patriarchy and Accumulation on a World Scale*. London: Zed Books, 1986.（奥田暁子訳『国際分業と女性――進化する主婦化』日本経済評論社、一九九七年）。

守村大『新白河原人――遊んで暮らす究極DIY生活』講談社、二〇一一年。

森岡孝二編『就活とブラック企業』岩波書店、二〇一一年。

毛利嘉孝『ストリートの思想――転換期としての1990年代』日本放送出版協会、二〇〇九年。

中村圭介『壁を壊す』教育文化協会、二〇〇九年。

中西新太郎・高山智樹編『ノンエリート青年の社会空間——働くこと、生きること、「大人になる」ということ』大月書店、二〇〇九年。

西村佳哲『自分の仕事をつくる』ちくま文庫、二〇〇九年。

西谷敏『人権としてのディーセント・ワーク』旬報社、二〇一一年。

大内伸哉『どこまでやったらクビになるか——サラリーマンのための労働法入門』新潮社、二〇〇八年。

小沢雅子『新「階層消費」の時代——消費市場をとらえるニューコンセプト』日本経済新聞社、一九八五年。

pha『ニートの歩き方——お金がなくても楽しく暮らすためのインターネット活用法』技術評論社、二〇一二年。

労働政策研究・研修機構編『日本の雇用終了——労働局のあっせん事例から』労働政策研究・研修機構、二〇一二年。

坂口恭平『ゼロから始める都市型狩猟採集生活』太田出版、二〇一〇年。

坂口恭平『TOKYO　0円ハウス0円生活』大和書房、二〇〇八年。

笹山尚人『人が壊れてゆく職場——自分を守るために何が必要か』光文社新書、二〇〇八年。

杉村芳美『脱近代の労働観——人間にとって労働とは何か』ミネルヴァ書房、一九九〇年。

高木郁朗・連合総合男女平等局編『女性と労働組合』明石書店、二〇〇四年。

高村友也『Bライフ——10万円で家を建てて生活する』秀和システム、二〇一一年。

武田晴人『仕事と日本人』（ちくま新書、二〇〇八年）。

東京大学社会科学研究所『労働審判制度についての意識調査基本報告書』東京大学社会科学研究所、二〇一一年。

TwitNoNukes編『デモいこ！——声をあげれば世界が変わる　街を歩けば社会が見える』河出書房新社、二〇一一年。

脇坂明・電機連合総合研究センター編『働く女性の21世紀——いま、働く女性に労働組合は応えられるか』第一書林、二〇〇二年。

渡邊太『愛とユーモアの社会運動論——末期資本主義を生きるために』北大路書房、二〇一二年。

山岡拓『欲しがらない若者たち』日経プレミアシリーズ、二〇〇九年。

吉本隆明『ひきこもれ――ひとりの時間をもつということ』大和書房、二〇〇二年。

労働者を守る弁護士有志の会『それでは、訴えさせていただきます――大解雇時代を生き抜く』角川・エス・エス・コミュニケーションズ、二〇〇九年。

## 働きだしてから自分が追い込まれないために、周りの者を追い込まないように

世の中は、「自分らしく働く」ことをすすめる魅力的な言葉で溢れている。「自由な働き方」や自分のライフスタイルに合った「多様な働き方」を提案される。しかし現実は厳しい。望まずして非正規の雇用形態で働く人や働けない人が増えている。正社員といえども安泰ではない。人員が削減され、一人ひとりが抱える仕事量は増え、「自分の成果」を過度に強調する風潮が強まり、同僚どうしで負担を押し付けあい、責任をなすりつけあっている。ストレスに耐えきれずに心の病を発症させ、死に追い込まれる人もいる。「金儲け」に追われる仕事を嫌い、「社会貢献」に惹かれる人たちもいるが、彼ら・彼女たちの中には、無償労働を半ば強要され、本来の趣旨とは異なる働き方を強いられる人がいる。もちろん、この本で取り上げた以外にもたくさんの働き方があるし、前向きに働いている人もいるだろう。しかし残念ながら、キャリア本や経営者団体が唱えるような魅力的な働き方を享受している人は少ない。私たちの周りでは、〈働くこと〉に関する不安、不満、愚痴ばかりである。にもかかわらず、否、それだからこそ、「自分だけは違う」と思わせる「新しい働き方」の提言が未だに続くのである。

雇用と労働の厳しい現実を知った私たちは、そろそろ耳に心地よい言葉を鵜呑みにはせず、自分たちで働き方を考え直し、実行してみたらどうだろうか。そのためには、一人ひとりが実践するだけではなく、他者との関係を再構築することが必要である。わたしたちは一人で働いているわけではなく、一人で社会

を生きているわけでもない。

停滞した日本社会において、なにかにつけて「リーダーシップ」の重要性が説かれる。社会にせよ、組織にせよ、引っ張っていく人たちの存在は欠かせない。しかし、改めて言うまでもないが、有名な大企業や指導者たちはその他多数の中小企業や労働者に支えられて「成果」を出せるのであり、一部の目立つ人たちだけが経済社会を築き上げてきたわけではない。そして、職に就いている人はもちろんのこと、職からあぶれた人も総体としての労働社会を支えている。雇用する側からすれば、後者の人たちのおかげで柔軟な雇用調整が可能であり、大規模な人員削減により会社の危機が救われることもある。また、雇われる側からすれば、現実問題として職に限りがある以上、誰かは（好条件の）職からあぶれざるを得えないが、就職の成否の分かれ目に完全な合理性などはない。今現在働けている人も、職からあぶれた人のおかげで（たまたま）自分が働けているという理解もできなくはない。したがって、かりに職を得られていなくても労働社会を支えていることには変わりなく、他者から責められる所以も、自分を責めることもないのである。

ただし、世の中には働く気がない者もいる。そのような人たちは責められてしかるべきなのか。社会の「お荷物」として手厳しく批判されることが多いが、社会は「あそび」があることによって機能するのであり、皆が同じ方向をむいてモーレツに働こうとすれば、会社だけでなく、家庭や地域社会などにも余裕がなくなり、ちょっとしたトラブルや人手不足により各場は機能不全に陥る。また、アニメやテレビゲームを例に出すまでもなく、新しい産業やイノベーションは社会の周辺から生まれ、遊び心から大きな産業に発展することは珍しくない。いわゆる「勤勉さ」を必ずしも美徳とは思っていない人たちは、社会を維持させるという点で、そして社会を持続的に発展させるという点でも、一定数必要なのである。働かずに贅沢を望んだり、反社会的にお金を稼いだりするのであれば異論はあるが、働きたくても働けない人、そして働く気がない人も労働社会にとって欠かせない構成員なのである。

社会に対する「貢献」とは、そしてそれとは反対の概念として位置づけられることが多い「タダ乗り」とは、捉え方次第な面がある。どれほど「貢献」を厳密に評価しようが、評価の恣意性からは逃れられない。また、会社では必死に働いていたとしても、地域社会の振興や家事・子育て・介護には無関心な人もいる。「社会貢献」の活動に力を入れすぎて、学校での勉学をおろそかにしたり、家庭生活がすさんだりする人もいる。そのような人たちは一面的な「貢献」をしているにすぎないのである。私たちの生活は、市場原理などの一元的な基準によって評価されるべきものではない。会社で働き、家族との団欒を楽しみ、親しい人との親交を深め、地域社会の活動に参加し、さらには〝無為に過ごす時間〟を満喫するなど、社会への関わり方は多面的であり、多元的である。文字通り多様な生き方を認めない寛容度の低い社会は文化的な成熟さを欠き、ゆがんだ形で社会を「活性化」させるのだ。

もっとも、このような労働観や労働社会観に対して批判や反論はあるだろう。「優秀な人」が出にくくなり、社会が停滞する。社会保障費がかさみ、社会が立ちゆかなくなる。といったたぐいのものがすぐに思いつく。しかしその心配は今のところ必要ない。なぜなら、本書の読者の中にもいるであろうが、批判の方が圧倒的に多数であるからだ。私は、「優秀な人」たちの活躍の機会を奪いたいわけではない。活躍したい人は存分に活躍すればいい。しかし、その「優秀さ」とは一面的であるにもかかわらず、報酬を独り占めしようとすることを当然視する（させようとする）風潮に疑問を呈しているのだ。もし、他者に比べて「貢献」が大きいのにもかかわらず報酬が少ないとして不満を持つのであれば――その認識自体が思い込みのことが多いが――、報酬を増やそうとするのではなく、「負担」を減らすことを考えればいい。社会保障費を心配する人は、そして「怠惰な人たち」を権利ばかり主張して義務を果たしていないと批判する人たちは、働く機会を奪いあう社会ではなく、皆に仕事を「負担させる社会」にすればいい。仕事も報酬も占有しようとしていながら、働けない人を批判するのであれば、矛盾である。もちろん、そのような社会が成り立つためにはいくつかの条件が必要である。負担の偏りや労働の過不足を確認しあう機会を持ち、職場規律を自分たちで再構築することが欠かせない。なによりもまず、誰もが働ける職場環境をつくることが先である。

私たちは、〈働くこと〉に振り回され、互いにいがみあい、疲れ切っている。就職の内定を勝ち取るために競いあい、勤めだしてからは何かに駆り立てられるように働き、「できの悪い」同僚や働いていない人に不満をぶつけ、「社会貢献」をする人はしない人を馬鹿にする。しかしこれからは、一部の人が富を占有し、残りの報酬と仕事を奪いあう社会ではなく、それらを「分かちあう社会」を、本当の意味で多様な働き方を実践できる社会を、そして〈働くこと〉に対するさまざまなスタンスを認め合う社会を、すなわち「成熟した労働社会」を希求すべきである。

本書は、こぶし書房から刊行されていた旧版を改めて現代思潮新社から出版したものである。初版から十年ほど経つが、幸か不幸か、労働をとりまく環境は変わらない。変更は数字を直近のものに変え、その後、世間で注目を集めたエピソードを加えたくらいである。新版を出すにあたって、寺本佳正氏には再びお世話になった。ささやかな本を世に出し続けてくれることを心より感謝する。

伊原亮司

二〇二四年三月末日　岐阜にて

初出一覧（内容を一部書き換えて再録した）

第一章「ドラッカーの働き方に関する言説と働く場の実態――〝時代を超える〟経営イデオロギー」『現代思想』vol. 38-10、二〇一〇年、一七二―一九六頁。

第二章「職場における「いじめ」の変化とその背景にある企業合理化――日産自動車の事例から」『現代思想』Vol. 41-15、二〇一三年、九八―一一一頁。

第三章「職場を取り巻く環境の変化と「うつ病」の広まり」『現代思想』vol.39-2、二〇一一年、二二八―二四五頁。

第四章「労働にまつわる死の変化と問題の所在――死傷、過労死から自殺へ」『現代思想』Vol.41-7、二〇一三年、一一〇―一二八頁。

第五章「トヨタの労働現場の変容と現場管理の本質――ポスト・フォーディズム論から「格差社会」論を経て」『現代思想』vol.35-8、二〇〇七年、七〇―八五頁。

第六章「市場主義時代における能力論に関する一考察――場や社会関係から遊離した「能力」の議論に対する批判的検討」高橋弦・竹内章郎編『なぜ、市場化に違和感をいだくのか？――市場の「内」と「外」のせめぎ合い』晃洋書房、二〇一四年、九一―一〇九頁。

第七章、第八章「「社会貢献」を意識した活動の可能性と限界――市場原理の拡張・規制・相対化」高橋弦・竹内章郎編『なぜ、市場化に違和感をいだくのか？――市場の「内」と「外」のせめぎ合い』晃洋書房、二〇一四年、一一〇―一三五頁。

**著者略歴**

伊原亮司（いはら りょうじ）

1972年生まれ。一橋大学商学部卒業。一橋大学大学院社会学研究科博士後期課程修了、社会学博士（2004年）。現在、岐阜大学地域科学部准教授。専攻、労働社会学、経営管理論、現代社会論。主な著作に『合併の代償 ── 日産全金プリンス労組の闘いの軌跡』（桜井書店、2019年）、『ムダのカイゼン、カイゼンのムダ ── トヨタ生産システムの〈浸透〉と現代社会の〈変容〉』（こぶし書房、2017年）、『トヨタと日産にみる〈場〉に生きる力 ── 労働現場の比較分析』（桜井書店、2016年）。共訳、デービッド・F・ノーブル『人間不在の進歩 ── 新しい技術、失業、抵抗のメッセージ』（こぶし書房、2001年）。

新版　私たちはどのように働かされるのか

2024年 3月31日　初版第1刷発行

著　者　伊原亮司

装　幀　森　裕昌

発行所　株式会社　現代思潮新社

〒112-0013　東京都文京区音羽2-5-11-101

電話　03-5981-9214　FAX　03-5981-9215　振替　00110-0-72442

http//www.gendaishicho.co.jp/　E-mail: pb@gendaishicho.co.jp

落丁・乱丁本はおとりかえいたします。

 ISBN978-4-329-10019-1

定価はカバーに表示してあります。

# 人名索引

マ行



# 事項索引

あ行



か行

## さ行

## た行

な行



は行

## ま行



## や行



## ら行



## わ行